기분이 태도를
망치지 않게

백정미 지음

기분이 태도를
망치지 않게

기분 때문에 힘든
당신을 위한
감정 다스리기

*Don't let your mood
ruin your attitude*

당신의 인생을 바꿀 최고의 지혜

삶에 지친
내게 주는 위로

1,000만
네티즌이 선택한
작가

감정을 다스려
행복 찾기

머리말

감정을 조절하면 기분이 좋아진다

　사람들은 너도나도 불행을 껴안고 살아가고 있다. 정확히 말해 불행한 감정을 껴안고 살고 있는 중이다. 아무런 부정적 감정 없이 온전히 행복하고 자신의 인생에 100% 만족하는 사람들은 과연 몇이나 될까.
　어떤 종류의 불만이든 한 가지씩은 빛바랜 보물처럼 가슴에 품고 살아가고 있는 사람들이 많다. 나는 감정이 얼마나 삶에 커다란 영향을 미치는지를 깨닫게 되었다. 이 진리를 조금만 더 일찍 알았더라면 그동안의 수많은 고통으로부터 자유롭지 않았을까 싶다. 하지만 과거를 돌아보며 후회한들 무슨 소용이 있겠는가.
　이 소중한 깨달음, 즉 감정을 제어하는 일의 필요성과 중대함을 인류에게 전하여 현재 고통스러운 나날을 보내고 있는 사람들이 고통의 사슬을 떨쳐내고 희망이 가득한 삶을 살 수 있게 되기를 바라는 마음으로 이 책을 쓰게 되었다.
　그동안 뚜렷한 이유도 없이 사는 게 힘겨웠다면 지금부터 감정에 주목하자. 이제 당신과 함께 감정을 슬기롭게 배려하는 방법들을 찾아볼 것이다. 사랑하는 당신이 소용돌이치는 감정의 혼돈에서 벗어나 지금보다 더 행복해지고 남은 인생을 즐겁고 보람차게 살아가길 진심으로 바란다.

백정미

차례

머리말
– 감정을 조절하면 기분이 좋아진다

제1부
슬프거나 기쁘더라도 평정심 지키기

1. 슬픔 다스리기

슬픔이란 새가 둥지 틀면 가슴이 아프다 14
사랑이 이별에게 미안하지 않으려면? 17
꿈을 잃었을 때, 슬픔에게 미소를 보내라 20
슬프면 많이 슬프다고 말하자 24
억지웃음은 슬픔에게 큰 상처를 입힌다 27
슬픔 없는 아름다움이 어디 있으랴 30
슬픔 겨운 날, 전나무 숲길을 홀로 걸어라 33
슬픔에 빠진 벗에게 슬픔의 뿌리를 37
음악을 틀어 슬픔을 리듬으로 읊조려라 41
'우울증=슬픔', 너무 깊으면 병이 된다 44
슬픔은 눈사람이다 49
슬픔이여, 안녕! 53

2. 기쁨 다스리기

기쁨의 뿌리='만족+긍지+자부심' 58
기쁨을 불러들이는 열쇠='좋은 일이 생길 거야.' 61
햇살 뒤에 웅크리고 있는 먹구름을 보라 65
친구가 '솔'이라 말하면 당신은 '라'로 답하라 69
기쁜데 아닌 척하는 것도 병이다 73
짧지만 강렬한 감동, 기쁨을 즐겨라 76
먼 훗날 이 시간이 그리워지리라 80
진정한 기쁨 속이는 쾌락에게 내리는 '경계주의보' 83
미소, 신이 내린 그 아름다운 선물 86
기쁘게 생각해야 기쁨의 창고가 생긴다 89
기쁨을 마음의 은행에 저축하라 93

제2부
절망하거나 공포에 휩싸여도 두려워하지 않기

1. 절망 다스리기

절망의 시작=희망의 시작 100
추락하는 모든 것들에게는 날개가 있다 105
그대에게 절망은 아직 이르다 109
토라지면 엉기는 절망에게 깍듯한 예의를 갖춰라 113
절망이 찾아오면 잠시 절망하라 117
실패의 어머니 '포기'를 포기하라 123
절망을 슬그머니 쫓아내는 그 말, "할 수 있어." 127
짓밟을수록 더 푸르게 일어서는 보리처럼 131
소외된 이들의 아픔을 헤아려라 135
절망 속에 희망이 살고 있다 140
조금씩 천천히 강해져라, 절망이 놀라지 않도록 144

2. 공포 다스리기

공포=미래에 대한 막연한 두려움 150
공포에 대한 최고의 배려는 현재를 사랑하는 것 154
'공포'란 흉기에 찔리지 마라 158
공포는 죽음보다 더 강한 감정을 지니고 있다 163
그대는 무엇이 무서워 그렇게 망설이는가 167
한낱 스쳐 지나가는 감정일 뿐인 '공포' 171
친구야, 그렇게 벌벌 떨지 마 174
좀 틀리면 어때? 그렇다고 인생이 끝나는 건 아니잖아 178
최악의 상황을 피하려면 최악의 상황을 상상하라 181
공포가 인간에게 이로움을 준다? 185

제3부
허무하거나 분노가 찾아와도 침착해

1. 허무 다스리기

우리는 찰나에 머무는 눈꽃이다 194

빈 술잔에 눈물이 채워질 때 198

되뇌어라, "그런대로 살 만한 세상이야."라고 202

나 자신이 이 세상의 의지다 206

왜 나는 사막 위에 홀로 남겨져 살아야 할까 210

거기 언젠가 사라질 육체가 있어 즐거움이 있다 216

죽음 앞에서도 웃어라 220

물결처럼 쏴아아 밀려왔다 밀려가는 '허무' 224

허무를 치료할 수 있는 탁월한 의사 '꿈' 228

'성실'은 허무 쫓고 행복 불러들이는 요술쟁이다 233

2. 분노 다스리기

마음에 시뻘겋게 타오르고 있는 불길을 꺼라 240

무엇이 나를 열받게 하는가 244

화를 끄집어내 사랑이란 햇살에 말리자 248

누군가 미워하고 원망하면 화가 춤춘다 253

당신의 정신을 갈가리 찢는 '미움' 258

화내는 내 모습, 참으로 우습지 아니한가 262

최고의 용서는 '그를 불쌍히 여기는 것' 266

남 탓 하지 마라, 모든 것은 내 탓이다 270

따뜻함이 번지는 풍경에 폭 빠져라 274

왜 화를 내니? 네 마음만 다치잖아! 278

평정심으로 분노를 다독여라 283

제1부

슬프거나 기쁘더라도
평정심 지키기

1. 슬픔 다스리기

달콤한 맛의 사탕이 충치를 유발한다는 사실을 알면서도 사탕을 입에서 쉽게 뱉지 못하듯이 사람들은 슬픔이 주는 괴로움을 알면서도 그것을 쉽게 놓아주질 못한다. 오히려 슬픔의 강렬한 유혹에 정신을 유린당하고 영혼의 숨구멍이 거의 막힐 때까지 비애에 젖기를 멈추지 않는다. 장맛비에 버티지 못하고 와르르 붕괴된 둑처럼 슬픔의 치명적인 매력은 인간을 순식간에 눈물의 강물에 빠뜨리고 만다. 비탄의 골짜기에 갇혀 허우적대기 전에 슬픔에 대한 관심을 갖고 따스한 배려를 하자. 오늘의 이 슬픔이 당신을 더 명랑하고 행복한 사람으로 만들어 주기 위해 찾아온 천상의 선물이라는 사실을 기억하라.

슬픔을 사랑하라. 눈물이 고인 당신의 두 눈이 아름다운 것은 슬픔의 참모습을 의젓하게 감당하고 있기 때문이다. 시공간의 틈 사이에 숨어서 우리를 기다리는 미래는 슬픔에 관해 속삭일 것이다. 잔별들이 수런대는 밤하늘 아래에서 누군가가 흘렸을 눈물에 대하여, 바람 부는 언덕 위에서 남몰래 울음을 삼키던 억새풀의 뜨거운 회한에 대하여 혹은 당신과 나의 감추고 싶었던 아픔에 대하여.

슬픔이 우리를 이렇게 괴롭게 하는 것이 아니다. 우리가 슬픔을 마저 이해하지 못했기 때문에 겪어야 할 시련이다. 창고 속에 쓸쓸하게 버려져 있던 슬픔의 기원을 찾아보자. 그리고 해묵은 먼지를 털어내고 그의 젖은 얼굴을 살며시 어루만져 주자.

슬픔이란 새가 둥지 틀면
가슴이 아프다

　평소에는 아무런 지병도 없었고 건강했던 사람이 어느 날 갑자기 심장마비로 세상을 떠났다는 소식이 바람에 날리는 마른 나뭇잎 한 장처럼 들려온다. 그럴 때마다 인생의 무상함에 대해 우리는 절실하게 깨닫는다. 그리고 멀쩡했던 사람을 순식간에 쓰러뜨린 심장마비가 발생하게 된 원인에 대해 궁금해한다. 동맥경화나 고지혈증이 있었던 건 아닐까, 어렴풋이 추측도 해본다. 그러나 그들이 죽음에 이르게 된 근본적인 이유 중에 슬픔이 있었다는 사실을 그대는 아는가.
　시내에서 제법 큰 규모의 음식점을 운영하던 분이 있었다. 하루 먹을거리를 걱정하던 무일푼에서 대도시에 건물을 서너 채나 지닌 성공한 사업가로 변신한 그. 신체적 조건도 남들에 비해 뒤처진 것 하나 없었고 사람들과 대인관계도 원만했다. 경제적으로도 큰 곤란을 겪지 않았던 그가 황망하게 세상을 등지게 되었다는 소식은 사람들을 놀라게 하기에 충분했다.

그와 길거리에서 우연히 마주쳤을 때 나는 갓 스물이 되지 않은 풋풋한 십 대였다. 그는 삶의 능선을 넘어가는 나이였다. 나는 그날 유난히 그의 눈빛 속에서 왠지 모를 어둠의 서늘한 기운을 느낄 수 있었다.

"안녕하세요."

"......"

평소에 사람들에게 인사하는 걸 좋아하는 내가 밝은 미소를 지으며 그에게 말을 건넸다. 그는 어딘지 모르게 불편한 얼굴로 아무런 대답도 없이 고개를 주억거리며 그냥 스쳐 지나갔다. 오랜 세월 침수된 통나무처럼 무거운 낯빛의 그에게서는 검은 비늘들이 후드득 떨어져 내렸다. 그것이 그를 본 마지막 순간이었다.

나는 그와 그다지 친하게 지낸 사이는 아니었지만 그 순간이 아직도 기억에 생생하게 남아 있다. 그 이유는 형언할 수 없는 슬픔을 보았기 때문이다. 그의 온몸에서 아스라이 풍겨 나오던 무채색 슬픔. 훗날 지인들로부터 들은 바에 따르면 그에게는 숨겨진 비밀이 있었다. 아무에게도 털어놓지 않았던 슬픔을 남몰래 간직하고서 가슴 아파하며 괴로워하는 일을 되풀이했다는 것이다. 그런 지속적이고 강도 높은 슬픔이 그의 건강을 나빠지게 만들었던 것이다.

심장에 무리가 가는 건 격렬한 운동이나 고지혈증 등도 원인이 되겠지만 슬픔과 그에 따른 고뇌와 번민도 심각한 결과를 초래할 수 있다.

한의학에서는 슬픔이 지나치면 심포를 상하게 한다고 한다. 여기에서 심포란 '심보가 고약하다.'라고 할 때 그 심보란 말과 같아서 마음을 뜻하는 말이다. 현대의학으로 보면 심포를 심에 분포된 관상동맥이라고 보는 경향도 있다. 이는 결국 슬픔이 심장을 병들게 할 수도 있다는 말이 아니겠는가.

슬픔의 시작은 늘 가슴이 아프다. 가슴이 아프다는 것은 지금 슬픔의 서막이 열리기 시작하였다는 징표가 분명하다. 저릿하게 느껴지는 가슴의 통증에 대해 혹시 무관심하게 지나치지는 않았는지 자신을 돌아보라. 슬픔이 더 깊어져서 치유할 수 없는 병이 되기 전에 그것을 예방하려는 적극적인 조치가 필요하다.

적극적인 조치란 무엇일까. 바로 슬픔의 근원을 찾아 치료하는 일이다. 자신을 슬프게 하는 것, 가슴이 찢어지도록 만드는 것, 눈물샘을 마구 자극하는 것들이 무엇인지 생각하라. 모든 슬픔에는 반드시 원인이 있다. 슬픔이 시작될 때 우리에게 선택권은 이미 쥐어져 있는 것이다. 악화되도록 방치하거나, 완치되도록 치료하거나, 늘 자신의 마음상태를 주시하라. 가슴이 아프다는 것은 방금 전 슬픔이란 새가 당신 곁으로 날아와서 슬그머니 둥지를 틀고 있다는 가장 확실한 신호이다.

사랑이 이별에게
미안하지 않으려면?

이 세상에서 가장 슬픈 일은 무엇일까. 사람마다 슬픔에 대한 충격의 강도가 다르겠지만 가장 슬픈 일이란 바로 사랑하는 사람과의 이별일 것이다. 이별은 인생이란 길 위에 뿌려진 달빛과도 같다. 걸어가려면 반드시 밟고 지나갈 수밖에 없는 거부할 수 없는 운명이다. 생명이 주어진 그 시간부터 이미 우리들의 이별은 시작되었다는 사실을 그대는 아는가.

"미안해, 미안해……."

사랑하는 이들을 영원히 떠나보낸 사람들이 가장 많이 하는 말이다. 차마 무엇이 미안한지 말을 잇지 못한 채 울먹이는 목소리에는 후회의 감정이 잔뜩 실려 있다. 함께 있을 때는 이별하리라는 것을 예상하지 못했다. 하지만 어느 순간 예기치 못한 일로 헤어지게 되었다면 그 슬픔은 더 깊고 아득하기만 하다. 그래서 견딜 수가 없는 것이다.

자신에게 만약 그런 일이 벌어졌다면 어떻게 견뎌내야 할까. 평상시에 스스로의 슬픔에 대하여 무심했다면 그런 슬픔 앞에서 힘없이 무릎 꿇고 통곡만 하느라 평정심을 잃을 수 있다. 세상이 온통 검푸른 먹구름만 가득한 것 같아 보일 것이다. 살아 있어도 죽은 것만 못한 시간들이 오랫동안 괴롭게 만들 것이다. 그럼에도 불구하고 인간은 다시 살아가야 한다.

사랑하는 사람을 상실한 그 아픔을 누가 대신해 줄 수 있겠는가. 그와 같이 숨 쉬며 같은 곳을 바라보며 같은 시간을 살아왔는데 아무렇지 않은 듯 잊어버릴 수 있다면 그건 냉혈한이 아니고서는 불가능하다. 슬퍼하는 것은 당연한 일이다.

그가 살아 있다고 해도 이별은 언제나 슬프다. 언제 다시 만날 수 있으리라는 기약도 없는 이별은 더더욱 슬픈 일이며 괴로운 일이다. 군대에 가는 아들을 바라보며 하염없이 흐느끼는 부모들과 연인들의 모습을 보라. 짧다고 하면 지극히 짧은 시간 헤어지는데도 그렇게 서럽게 운다. 왜냐하면 너무나 사랑하니까. 그들은 그러나 영원히 헤어지는 사람들에 비하면 정말 행복한 것이다. 다시는 볼 수 없는 곳으로 사랑하는 사람을 떠나보낸 사람들도 많지 않은가.

토마스만은 "죽음보다 더 강한 것은 이성이 아니라 사랑이다."라고 했다. 사랑은 그 이름만으로도 사람들에게 더할 나위 없는 따스한 위안을 주고 평화로움을 준다. 과거에도 그랬고 앞으로도 영원히 그럴 것이다.

오늘 혹시 누군가와 이별을 하고 슬퍼하느라 아무것도 할 수 없고 식욕도 잃고 삶의 의욕도 잃어버리지는 않았는가. 머리는 안 감은 지 오래, 해야 할 일들은 모두 제자리에 우두커니 멈춰 선 채 당신만 바라보고 있지는 않은지 침착하게 돌아볼 시간이다.

그가 떠나면서 정말 다행히도 당신에게 사랑을 주었다는 사실을 기억하길 바란다. 그 사랑의 소망은 하나다. 당신이 행복해지길 바라는 것이다. 슬픔에 겨운 마음을 추스르고 사랑하는 이가 남기고 간 사랑을 수습하라. 길거리에 무심코 버려두었거나 어두운 구석에 방치하고 있지는 않은가. 그의 부재를 슬퍼하기만 하는 일은 아무런 도움이 되지 않는다.

정말 그를 사랑했다면 그의 체취가 아직도 묻어 있는 사랑을 간직한 채 새로운 만남을 준비하여야 할 것이다. 이별은 슬프고 괴로운 것이 분명하지만 누군가를 보내면 다른 누군가를 만나게 되는 것이 인생의 이치다. 사랑하는 사람과의 소중한 추억을 기억하며 인생을 풍요롭게 할 새로운 인연들을 많이 만나라. 그 인연들을 정성껏 사랑하고 아껴라. 그것이 지금 이 순간에도 변함없이 당신의 행복을 바라고 있는 이별에게 미안하지 않은 일이다.

꿈을 잃었을 때,
슬픔에게 미소를 보내라

각종 재난이 일어날 징조가 보일 때 매스컴에서는 긴급하게 국민들을 향해 소리친다. 조심하라고. 사람들은 불안한 눈빛을 애써 감추며 재난에 대비하기 위해 때로는 라면이나 통조림을 사재기하기도 하고, 때로는 집을 버리고 먼 친척 집으로 대피하기도 한다. 오직 살아남기 위한 일념으로 그동안 자신이 살고 있던 정든 집을 떠나가는 사람들의 뒷모습은 쓸쓸하다.

조심한다는 것은 그래도 역시 권장할 만한 일이다. 이때 특히 조심해야 할 때가 있다. 그때가 바로 꿈을 잃었을 때이다. 꿈이란 삶의 지향점이며 이상향이다. 그런 꿈을 잃고 방황의 시기를 보내는 동안 인간은 피폐해지고 무기력해진다. 또한 극도의 슬픔에 사로잡혀 중심을 잃기 쉽다.

피아노를 잘 치는 친구가 있었다. 그 친구는 각종 대회를 휩쓸며 최고의 솜씨를 뽐냈고 모두의 기대를 한 몸에 받았다. 그가 연주하는 음률은 감성을 울리고 뇌파를 진정시키고 사람들의 지친 마음을 달래주기에 충분했다. 그러던 어느 날, 친구에게 평생 잊지 못할 사고가 일어나고 말았다. 오토바이를 타고 가다가 앞서가던 승용차와 충돌하는 사고가 나고 만 것이다. 그 일로 친구는 오른손 손가락을 모두 잃었다. 피아니스트에게 생명과도 같은 손가락을 잃고서 친구는 꿈도 한꺼번에 잃어버렸다.

"다 끝났어, 이제 난 아무것도 할 수가 없어."

이렇게 자조적인 말을 내뱉으며 친구는 자꾸만 좌절의 늪 속으로 침몰해 갔다. 사람들은 그런 친구에게 어떤 위로도 해줄 수가 없었다. 더 이상 친구가 연주하는 아름다운 음악을 들을 수 없다는 사실이 더 서글프고 안타까울 뿐이었다.

몇 년을 그렇게 괴로워하던 친구는 날마다 눈물로 밤을 지새웠다. 그 슬픔의 발원지는 바로 자신의 꿈을 잃었다는 자괴감이었다. 그렇게 그 친구는 사람들의 뇌리 속에서 서서히 흔적도 없이 잊혀져 갔다. 그로부터 20여 년이 흐른 후, 동창으로부터 전화가 왔다.

"너, 봤니?"

"뭘?"

"그, 글쎄 말이야. 지금 당장 텔레비전을 켜봐."

친구의 목소리는 긴급했고 다소 상기되어 있었다. 목소리의 떨림이 생생하게 전해왔다. 서둘러 리모컨 버튼을 눌렀다. 검은 화면이 사라지고 유난히 초췌한 남자가 나타났다. 그는 피아노 앞에 앉아서 드뷔시의 〈아라베스크〉를 두 손으로 연주하고 있었다. 분명히 오른쪽 손가락이 없었다. 그는 손등으로 믿기지 않을 만큼 너무나 능숙하게 피아노를 잘 다루고 있었다. 그의 다섯 손가락과 하나의 손등은 흰 건반과 검은 건반 사이를 한 마리 물고기처럼 자유롭게 유영하고 있었다.

조금은 낯선 얼굴이었지만 그는 분명히 교통사고로 손가락을 잃은 그 친구였다. 그가 해낸 것이다. 한때 꿈을 잃었고 슬픔에 빠져 인생의 암흑 속에 갇혀 있던 지난날들이 그가 연주하는 피아노 소리에 단숨에 스르르 녹아내렸다. 비록 최고의 피아니스트가 되지는 못했지만 그는 아직도 피아노를 칠 수 있음에 감사한다고 말하고 있었다.

나의 볼에서 주르륵 눈물이 흘러내렸다. 친구는 진정으로 슬픔을 배려할 줄 아는 사람이었다. 그가 끝까지 절망만 하고 있었다면 사람들은 오늘 이토록 고운 피아노 소리를 듣지 못했을 것이다.

사람들은 말한다. 모든 것이 완벽해야 행복하지 않겠느냐고. 돈도 남들보다 많이 있어야 하고 학력도 다른 사람보다 더 높아야 하고 재산도 남부럽지 않게 많아야 행복해지고 떵떵거리고 살 수 있는 것이라고. 다행히 그것은 잘못된 생각이었다. 꿈을 잃었을 때 다시 일어설 수 있도록 슬픔을 배려할 줄 아는 사람이 진정으로 부의 가치를 창출할 줄 아는 사람이다.

꿈을 잃었을 때를 조심하라고 하는 것은 겁 많은 어느 노인네의 잔소리가 아니다. 우리들의 삶을 안전하게 이끌어 갈 안내자의 목소리다. 우주의 아득한 곳에서 신이 인간에게 보내는 작은 부탁이다. 다행히 당신은 꿈을 잃고서 방황하기 이전에 슬픔을 배려할 줄 알게 되므로 자신의 꿈을 끝까지 책임지고 키워나갈 수 있다.

자신 앞에 놓인 수많은 슬픔들에게 부드러운 사랑의 눈빛을 보내고 미소를 지어보자. 바람과 햇살과 구름이 이 세상을 아름답게 밝히고 적시듯이 슬픔은 인간의 배려 속에서 다시 생명을 얻어서 더 영속적인 행복을 누릴 수 있도록 도와줄 것이다.

슬프면 많이 슬프다고 말하자

살아가면서 도저히 참기 어려운 슬픔에 직면하면 사람들은 그것을 자신도 모르는 사이에 왜곡시킨다. 한마디로 슬픔을 인정하지 않으려 하는 것이다. 사랑했던 연인과의 이별에 당면하면 주체할 수 없는 슬픔을 분노로 왜곡시키고, 때로는 자기 자신에 대한 비하로 발전시키기까지 한다.

"내가 못나서 그 사람이 날 버리고 간 거야."

"나 같은 사람을 누가 좋아해 주겠어."

순희는 누군가로부터 말도 안 되는 모욕을 당해 슬플 때도 슬픔을 인정하기를 꺼린다. 슬프기보다는 그에 대한 증오가 자신이 느끼는 감정의 전부라고 오해하고 있다.

"나쁜 자식. 그런 식으로밖에 말 못 해. 두고 보자. 네가 얼마나 잘 사는지."

순희는 이를 악물고 그 사람에게 저주를 한 움큼 퍼붓는다. 하지만 사실은 슬퍼지는 마음을 주체할 수 없어서 읊조리는 처량한 혼잣말이다. 순희는 이처럼 슬픔을 인정하는 일에 서툴다. 그것은 약해지는 자신을 바라보는 일이 괴롭기 때문이다.

백정미, 나는 그런 순희에게 가만가만 다가가 이렇게 속삭이고 싶다.

"슬프다고 말하는 것은 어딘지 모르게 나약한 인간의 넋두리로 여겨지기 때문에 그래. 사람들이 될 수 있으면 슬픔을 감추려 하는 것도 그 때문이야. 그럴수록 슬픔의 칼날은 더 날카롭게 벼려져서 우리 마음을 갈기갈기 찢고 상처를 내게 되는 악순환이 계속되니까 조심해야 해."

순희 친구 숙자는 순희와 다르게 슬픔을 표현한다. 순희가 숙자에게 걱정스러운 얼굴로 말한다.

"괜찮니? 힘들어 보이는데."

순희의 걱정 어린 말에 숙자는 아주 씩씩하게 대답한다.

"괜찮아. 아무렇지도 않아. 난 정말 힘들지 않아."

숙자는 강한 부정을 한다. 순희는 숙자의 말을 들으며 그 강한 부정은 강한 긍정이라고 생각한다. 난 정말 힘들지 않아, 라는 말 속엔 나 지금 죽을 만큼 힘들다는 속뜻이 숨어 있기 때문이다. 순희는 생각한다. 숙자의 말은 이 말에 다름 아니라고.

"그래. 나 지금 미치겠어. 슬퍼서 도저히 참을 수 없는데 어떻게 하지? 이렇게 슬픈데…… 이렇게 힘겨운데……."

순희 생각처럼 이렇게 말할 수 있는 사람은 정말 솔직함의 미학을 아는 사람이다. 하지만 아무리 친한 사이라도 자신의 슬픔을 이처럼 적나라하게 말하는 사람은 없다. 대신 가슴속으로 울음을 삼켜가면서 아무렇지 않은 듯 헛웃음을 짓는다. 강해 보이기 위해서다. 그러나 그것은 진정으로 강한 모습과는 거리가 멀다는 것을 그대는 아는가.

　슬픔을 숨기느라 그동안 얼마나 힘들었는가. 이제부터 슬픔은 숨겨야 할 그 무엇, 되도록 드러내지 말아야 할 부끄러운 그 무엇이 아니다. 슬픔은 삶의 동반자이고 유익한 친구가 될 수 있다. 아이들은 축구를 하다가 다친 무릎을 스스럼없이 내보이며 엄마에게 말한다.

　"엄마. 나 다쳤어요. 약 발라주세요."

　아주 당당하게 그렇게 말하는 아이들의 용감한 정신을 이제 우리들도 본받아야 한다. 슬프면 슬프다고 말하자. 슬프고 견딜 수 없는데 아무렇지 않은 척 애쓸 필요는 없다. 우리는 감정을 솔직하게 받아들여야 한다. 이것은 감정에 대한 배려의 첫 단계이며 모든 고민거리를 해결할 수 있는 단초가 될 것이다.

억지웃음은 슬픔에게
큰 상처를 입힌다

곁에서 보기에 분명히 슬퍼 보이는데 어색한 웃음을 지으며 자신의 감정을 애써 감추고 살아오지는 않았는가. 밝은 빛 아래에서 그림자는 더욱더 선명해진다. 마찬가지로 어둠이 깊을수록 아침햇살은 더 찬란하게 세상을 비춘다.

세상살이도 한 치 오차 없이 똑같다. 좋은 일이 있다고 안 좋은 일들이 영원히 사라지는 것은 아니다. 때를 기다리며 잠시 숨어 있을 뿐이다. 사냥감을 노리며 나무 뒤에 몸을 숨긴 용의주도한 맹수처럼. 그래서 우리들의 삶은 항상 예측 불가능하게 펼쳐지는 것이 아니겠는가.

세상의 깊은 어둠을 걷히게 할 수 있는 것은 햇살이다. 여기에서 우리는 그 햇살이 인공적으로 만든 빛은 아니라는 것을 기억해야 할 것이다. 온 누리를 뒤덮은 어둠을 물리칠 햇살은 태양이 보내온 빛이요, 생명을 보살피는 우주의 따스한 손길이다. 이 햇살이 전기를 이용해서 만든 전깃불이 아닌 것처럼 사람의 슬픔을 위로할 웃음은 억지로 만들 수가 없다. 만약 그렇게 하여 걱정 어린 시선으로 바라보는 주위 사람들을 잠시나마 안심시킬 수 있을지는 모르겠지만 결국 심각한 내상을 입는 것은 자기 자신이다.

준희는 유난히 잘 웃는 아이였다. 별것 아닌 일에도 함박웃음을 짓는 그녀의 모습은 사람들에게 청량감을 안겨주었고 그로 인해 그녀를 더 좋아하게 되었다. 그런 준희에게 한 가지 근심거리가 있었다. 바로 유일한 혈육인 엄마가 많이 아프시다는 것이었다. 준희 엄마는 신혼 초기에 남편을 지병으로 떠나보내고 홀로 준희를 키워왔다. 오랜 세월 동안 보따리 장사며 길거리 노점상 등을 전전하며 하나뿐인 딸을 키우느라 고생만 하다가 결국 이제는 치유 불가능한 병이 들고만 것이다.

"준희야, 힘들지. 이 어미가 너한테 짐만 지워주는구나. 얼른 죽어야 할 텐데."

"아니에요, 엄마. 제가 오히려 엄마에게 미안한걸요. 엄마는 아무 걱정 마시고 건강을 챙기세요. 제가 얼른 돈 벌어서 호강시켜 드릴게요."

준희는 그러면서 또 큰 소리로 웃는다. 그러나 준희의 밝아 보이는 웃음소리에는 왠지 모를 슬픔이 스며 있다.

그녀의 엄마는 전혀 거동을 못 하고 매일 집에서 누워 있어야 하는 형편이었다. 그녀는 새벽녘부터 일어나 직장에 나가 돈을 벌면서 힘겹게 아픈 엄마를 부양하고 있었다. 한 번쯤 힘들다고 투정할 만도 하고 엉엉 소리쳐 자신의 처지를 비관하면서 슬퍼할 수도 있을 것 같은 상황이었지만 준희는 항상 웃었다. 그렇게라도 웃지 않으면 다리에 힘이 풀리고 온몸의 기운이 다 빠져나갈 것만 같았기 때문이다.

그런 모든 상황에도 불구하고 사람들이 보기에 준희는 여전히 잘 웃고 상냥하고 생글생글 인상 좋은 아가씨였다. 사람들은 그녀의 내면에 얼마나 큰 고독이 자리 잡고 있는지 아무도 알아주지 못했다. 아니 알 수가 없었다. 준희는 단 한 번도 자신의 아픔을 세상에 보여주지 않았으니까. 그리고 웃으면 되는 줄 알았다. 웃기만 하면 모든 슬픔들이 훨훨 날아가 사라질 것만 같았다. 그러나 그렇게 되질 않았다. 오히려 더 고독해지고 외로워질 뿐이었다. 그리고 눈물을 멈출 수가 없었다. 그래도 그녀는 다른 사람들 앞에서 항상 웃었다. 무의미한 웃음 속에는 지난밤에 홀로 삼킨 울음이 깃들어 있었지만, 그 누구도 그것을 발견하지는 못했다.

그런 그녀가 더 이상 웃지 않아도 되게 되었다. 영원히 웃지 않아도 되는 세상으로 떠나게 되었기 때문이다. 그녀가 남긴 유서에는 이렇게 적혀 있었다.

"억지로 웃는 것. 정말 힘들다. 울고 싶을 때 마음껏 울지 못하고 혼자 숨죽이며 슬픔을 억누르기도 이젠 버겁다. 친구들아. 슬플 때는 억지로 웃지 않아도 돼. 마음껏 울고 소리쳐 슬픔을 표현하렴. 나는 비겁하게 세상을 떠나지만 너희들에게 이젠 억지웃음이 아닌 진짜웃음을 지어 보일 수 있게 되었어. 그것은 그동안 나처럼 행동했던 거짓된 나를 버렸기 때문이야. 감정이란 얼굴을 가리고 있던 가면을 벗어던지게 되었기 때문이란다."

슬픔 없는 아름다움이
어디 있으랴

 별을 사랑한다. 별, 별, 별…… 작은 별, 뚱뚱한 별, 큰 별, 홀쭉한 별, 둥근 별, 네모난 별, 점점 빛나는 별, 점점 사그라지는 별.
 나만큼 지나치게 별에 집착하는 사람이 또 있을까. 나는 별빛을 바라보면서 어린 시절을 보냈다. 별빛을 바라보면서 상상의 나래를 폈고 삶과 죽음에 대하여 명상하였다. 별을 동경하며 젊은 시절을 향유해 왔으며, 별과 함께 점점 더 성숙해지고 별처럼 아련하게 늙어갈 것이다.
 별에는 인간의 언어로 도저히 다 담아내지 못할 아름다움이 있다. 그것은 사람의 가슴을 두근거리게 하고 떨리게 하며 무한한 꿈을 꿀 수 있는 순수함을 안겨주는 아름다움이다. 이러한 별처럼 인간의 감정에도 아름다운 감정이 있다. 그 어떤 감정도 지니지 못한 가슴 아릿하고 잔잔하며 고요히 우리의 마음을 훑어오는 것. 빈 모래밭을 가만가만 어루만지는 푸른 파도의 섬세한 손길처럼 차갑고 애틋하며 그러나 결국엔 다시 사라지는 것. 먼바다로 홀연히 되돌아가는 한 무리의 물결과도 같은 것.

그것이 무엇인가. 바로 인간의 눈가에 투명한 눈물 꽃을 피워내고 인간의 심장을 순식간에 차갑게 동결시키며 인간의 영혼을 산산조각 내는 슬픔이다. 슬픔의 아름다움은 별빛의 아름다움에 버금간다. 술에 취하듯 슬픔에 취하며 사람들은 가끔 이성을 잃는다.

"참을 수 없어. 어떻게 살지. 이렇게 슬픈데."

벽장 속에 갇힌 한 마리 바퀴벌레가 비명을 내지른다. 하지만 그 비명소리를 아무도 알아주지 않는다.

그때 어디선가 불어오는 허름한 바람이 응답한다.

"바퀴벌레야! 아무도 너의 비명소리를 들어주지 않을 때 슬픔은 극에 달하는 거야. 하지만 무엇이든 최고조에 이르면 최상의 아름다움을 뽐낸단다. 슬픔도 마찬가지란다."

"바림아! 나 차라리 여기서 모든 걸 끝내버릴까. 이렇게 괴롭고 슬픈 삶은 더 이상 견딜 수가 없어."

"바퀴벌레야! 그렇게 말할 때 슬픔이 가장 아름다운 시간이란다. 동시에 우리들이 감당해야 할 눈물의 양이 증가하는 시기이기도 하지. 그렇지만 결국 정상에 오른 것들은 다시 아래로 내려오게 되어 있단다. 슬픔 역시 최고조의 아름다움을 뽐내는 시간은 잠시 동안이야. 그래서 슬퍼하는 것에 있어서도 배려가 필요한 게지."

어떤 배려인가. 바로 슬픔의 미학을 깨닫는 일이다. 슬픔이 가장 아름다운 순간에 그 완벽한 아름다움을 느긋하게 관조하는 것이다.

멀리서 그리고 가까이에서. 그러나 너무 가까이 다가서지는 말고 자신의 자리를 지켜라. 조금만 기다리면 슬픔은 지나친 미혹으로부터 벗어나 원래의 순수하고 잔잔한 감정의 자리로 돌아올 것이다.

 별을 사랑한다. 여전히 밤하늘을 온통 자잘한 빛으로 어지럽히며 지상의 것들에게 끝없는 모진 그리움을 불러일으키는 저 찬연한 별들. 그리고 저 별들처럼 쓸쓸한 가슴속에서 하염없이 눈물 흘리며 아파하고 힘없이 고개를 끄덕거리는 저 슬픔들. 별과 슬픔의 공통점은 무엇일까. 그들은 아름답다. 명치끝을 아릿하게 만드는 아름다움을 지닌 그들이지만 때로는 인간을 혼란스럽게 한다.

 오늘 우리는 얼마나 슬퍼했을까. 당신은 얼마나 많이 가슴을 쥐어뜯으며 삶을 원망했는가. 혹은 나는 어디에 가서 남몰래 눈물짓고 있었는가. 담벼락에 기댄 채 쾨쾨한 시멘트 냄새를 맡아가면서 그 자리에 그대로 미끄러지듯이 주저앉지 않았다면 슬픔에 대해 말하지 말자. 컴컴한 밤거리에 우두커니 서 있는 빛바랜 가로등 불빛 아래에서 그림자가 어디 있는지, 자신이 어디 있는지 술에 취해 찾아보지 않았다면 슬픔의 매정함에 대하여 비난하지 말자.

 우리가 어떠하든 슬픔은 역시 아름답다. 그것이 무엇을 불러오든 슬픔이 지닌 절정의 아름다움 앞에서 인간은 자주 흔들릴 것이다.

슬픔 겨운 날,
전나무 숲길을 홀로 걸어라

　사람이라면 환경의 중요성에 대해 구구절절 말하지 않아도 누구보다 잘 알고 있을 것이다. 사람은 환경에 의해 인격이 형성될 수 있다고 해도 지나친 말이 아니다. 아무리 이성적이고 침착한 사람이라도 총알이 빗발치는 전쟁터처럼 질서가 무너지고 주변이 어수선하고 끊임없이 죽음의 공포가 휘몰아친다면 마음이 흔들릴 수밖에 없지 않겠는가. 그런 것처럼 우리의 감정도 환경의 영향을 많이 받는다.
　이러한 감정의 특징을 잘 이해해서 배려해야 조금 더 여유롭게 삶을 헤쳐나갈 수 있다. 반대로 감정의 이런 특징을 무시하고 지나친다면 그만큼 대가를 반드시 치르게 되어 있음을 기억해야 할 것이다.
　감정을 달래는 데에는 우는 아기를 달래는 것과 같은 달콤한 위로가 필요하다. 사탕 하나에 울음을 뚝 그치는 귀여운 아가처럼 우리의 슬픈 감정도 달콤한 환경이 주어지면 고통 대신 삶의 깊이를 느끼게 하는 성찰의 계기가 되어 다가올 것이다.

달콤한 환경이란 무엇인가. 바로 당신의 영혼이 편안함을 느끼게 되는 환경이다. 살다 보면 도무지 어찌할 수 없을 만큼의 슬픔이 밀려오는 날이 있다. 아무에게도 털어놓지 못하고 혼자서 가슴앓이하면서 감내하는 인생의 무게들. 슬픔이 날카로운 칼끝처럼 마음의 여린 살갗을 베어오는 날이 있다.

경아는 눈물겨운 날, 전나무 숲길을 홀로 걷는다. 푸른 하늘은 연초록 나뭇잎들에게 어느새 점령당한 것처럼 보였다. 비췻빛 하늘은 어디에 숨어버린 것일까. 팔랑이는 전나무 잎사귀 사이에 숨어서 하늘은 까르르 웃고 있다. 키다리 전나무들이 부끄러운 줄도 모르고 곧게 뻗은 다리를 드러낸 채 경아를 맞이한다. 무거운 발걸음으로 경아가 그 길에 들어서자 일순간 전나무들의 시선이 쏠린다.

"어디가 아픈 걸까. 눈빛이 파랗게 젖었어."

평소에 이곳을 찾는 사람들에게 유난히 관심이 많은 전나무 A가 말한다.

"세상에서 많이 상처받았나 봐. 우리가 가지고 있는 영험한 치료제를 발라주자."

역시 누군가의 상처를 보면 견디지 못하는 전나무 B의 말에 모든 전나무들이 향기로운 머리카락을 흔들면서 수긍한다.

"그래. 그러자."

전나무들은 우주의 신묘한 기운을 지니고 있다. 숲속에 사는 모든 동식물들의 에너지를 당신에게 전해주는 데 매우 적합한 존재이다. 당신이 축 처진 어깨로 전나무 숲에 들어서자마자 그들은 수십억 년 동안 간직해 온 신비한 상처치료제를 발라주기 시작할 것이다. 사슴풍뎅이의 미소와 꽃팔랑나비의 순결과 장수말벌의 용기와 참매미의 명랑함과 우주공간에서 생존할 수 있는 강한 생명력을 지닌 이끼의 의연함과 바위의 무던함과 흙의 토속적인 향기로 이루어진 그 치료제를 구할 수 있는 곳. 그곳은 약국이나 인터넷 쇼핑몰이 아니라 이곳 전나무 숲이다.

그것이 당신 몸에 흡수되는 동안에도 하늘은 전나무 잎 너머에서 어머니가 자식의 치료과정을 지켜보듯이 걱정스러운 눈길로 바라보고 있다. 대지는 당신을 받아안고서 오랫동안 상념에 잠겨 있다.

경아가 작은 바위에 걸터앉아 지나온 시절에 대한 회한에 잠기고 있을 때 깜찍한 다람쥐 한 마리가 도토리를 입에 물고 나타난다.

"많이 아픈가요?"

오물오물 도토리를 깨물며 다람쥐가 묻는다.

"글쎄. 아프기보다는 슬퍼. 눈물마저 메말라 가는 것 같아. 넌 참 평화로워 보이는구나."

경아는 여전히 기운 없는 표정으로 다람쥐를 바라본다.

"네, 전 마음이 평온해요. 이 숲의 향기가 저를 편안하게 하지요. 그렇지만 무엇보다 전 슬픔을 거부하지 않아요."

다람쥐는 어느새 경아 곁에 앉아 있다. 고운 털에서는 윤기가 흐른다. 경아는 다람쥐의 털을 조심스럽게 쓰다듬는다. 부드럽다. 따뜻하다. 그리고 참 단정하다는 느낌이 든다.

"이곳에서는 슬픔도 없고 고통도 없을 것 같은데 너에게도 슬픔이 있니?"

"저에게도 슬픔이 있고 고통도 있어요. 인간과 우리가 다른 건 하나도 없어요. 우리도 눈물이 나고 괴롭기도 하고 우울해지기도 하지요. 그렇지만 인간들처럼 깊이 빠지진 않아요. 이 숲이 저희를 즐겁게 하거든요."

경아는 다람쥐의 두 눈을 가만히 들여다본다. 한없이 깨끗하다. 모든 걸 빨아들여도 결코 변하지 않을 것 같은 맑은 눈망울이다.

"숲에 사는 게 즐겁니? 이 숲에는 생활에 편리한 가전제품도 없고. 이를테면 컴퓨터나 자동차 그리고 값비싼 옷이나 장신구도 없잖니. 비행기도 없고 아파트도 없고 휴대폰도 없으며 텔레비전도 없고 금과 같은 보석도 없는데. 그리고 가장 중요한 돈도 없잖니. 맛있는 것도 별로 없고 도대체 뭐가 그렇게 즐거워?"

"저희는 그런 것들보다 수천 배는 더 좋은 것을 가지고 있잖아요. 그것은 바로 평화로움이지요. 이 숲에 사는 모든 곤충들과 동물들과 식물들이 자신의 것에 만족하며 살아 있다는 그 자체만으로도 흡족해하니까요. 슬픔도 결국 욕심이 원인인 경우가 많아요. 사랑에 대한 욕심, 사람에 대한 욕심, 재물에 대한 욕심. 그런 욕심이 없는 삶을 사는 이 숲속의 삶이 행복하답니다. 행복하길 바랄게요."

다람쥐가 찡긋 눈인사를 하면서 재빨리 풀 속으로 뛰어갔다.

어느새 눈물이 말랐다. 자리를 털고 일어나 전나무를 우러러본다. 우주 끝까지 치솟아 오를 듯 높이 뻗은 전나무들이 마주 보면서 다정하게 미소 짓는다. 여기가 지상의 낙원이라고, 바로 여기에 모든 것들의 해답이 있다고, 초록 잎사귀를 나부끼며 자상하게 말을 건넨다.

슬픔에 빠진 벗에게
슬픔의 뿌리를

친구란 누구인가. 아주 사소한 것들까지 모두 꿰뚫고 있는 사이다. 부모와 부부, 형제지간에도 차마 하지 못할 말들을 스스럼없이 할 수 있는 사이다. 그런 사이가 친구일 것이다. 친구는 우리의 아픔을 가장 많이 공유할 수 있는 사람이다.

누구나 친구가 있다. 수많은 친구들이 우리 주변에 있다. 그러나 진정한 친구를 얻기란 참으로 힘들다. 또한 그게 얼마나 힘든 일인지 실감하고 살아가는 세상이다.

가진 것이 많고 지위가 높으면 친구들을 사귀기는 훨씬 수월할 것이다. 그것은 하지만 마치 무더운 여름날 단맛을 지닌 수박에 파리가 많이 꼬이는 것과 비슷한 현상이다. 수박의 단맛이 떨어지고 나면 파리는 뒤도 돌아보지 않고 다른 수박을 찾아 날아갈 것이다. 사람 사는 세상에서는 돈만 있으면, 그럴듯한 직함만 있으면 못 할 일이 없을 것만 같다. 친구도 돈을 주고 구할 수 있다고 생각하는 사람도 많은 현실이니 말이다.

　진실한 친구란 그런 물질적인 면에 이끌려 다가온 사람이 아니다. 진실한 친구란 그대가 그나마 가지고 있던 모든 것을 다 잃어버리고 빈털터리가 되었을 때 더 가까이 자주 찾아오는 사람이라는 사실을 명심해야 한다.

　그대는 그런 진실한 친구가 곁에 없노라고 한탄할 것이 아니라 스스로 그런 친구가 되어주는 것은 어떤가. 슬픔에 빠진 친구, 고통에 허덕이는 친구, 외로움에 진저리 치는 친구를 가식이 아닌 진심으로 위로할 수 있는 친구가 먼저 되어라. 그렇게 하면 당신 역시 그런 친구를 얻게 되는 것은 시간문제일 뿐이다.

　얼마 전 아버지를 여읜 친구가 있었다. 그 친구는 나보다 나이가 무려 12살이나 더 많은 친구이다. 그녀의 고향은 제주도이지만 나와는 허물없는 사이이다. 평소에 나는 그녀를 언니라고 부르지만 여기서는 편의상 친구라고 하자. 친구란 서로 의지하고 배려하는 관계가 아니던가. 나이 따위는 전혀 우정에 방해가 되지 않는다. 그 친구에게 내가 무엇을 해주었을까. 이렇게 글을 잘 쓰는 작가이니 대단한 무엇을 해주었으리라 여러분들께서 생각해 주신다면 도리어 미안해진다. 왜냐하면 내가 해줄 수 있는 것이라고는 가끔 그녀에게 아버지에 대해 묻는 것뿐이었던 것이다.

　나 또한 어머니를 최근에 여의어서 그녀의 심정을 뼈저리게 느낄 수 있다. 부모님을 잃은 비극을 당한 그녀에게 친구로서 해줄 수 있는 것은 그리 많지 않았다. 나는 다만 그녀의 심정을 헤아릴 뿐이었다.

"언니! 아버지는 어떤 분이셨어?"
"어린 시절 아버지는 언니에게 어떻게 대하셨어?"
"아버지와 함께한 즐거웠던 일들에 대해 이야기해 줘."
그렇게 물으면 언니는 제비꽃처럼 은은한 미소를 머금고 대답하곤 했다.
"우리 아버지는 늘 책을 가까이하셨지. 감귤나무를 심으시고 많은 땅을 부지런히 일구셨어."
나는 그러면 약간 과장될 정도로 열렬히 환호한다.
"와, 멋진 아버지셨네!"
그렇게 하면 언니의 미소는 더 활짝 피어나기 마련이다. 그녀는 이렇게 아버지의 살아온 발자취를 내게 들려주면서 행복해했다.
바로 이것이다. 슬픔에 빠진 친구에게 필요한 것은 거창한 위로 파티도 아니고 비싼 선물도 아니다. 가슴 깊은 곳에서 우러나온 따스한 호의가 담긴 질문들이다. 광범위하게 말하면 관심이라고 할 수 있다. 좁혀보면 이런 사소한 물음이다. 사랑하는 사람을 잃은 친구에게는 사랑하는 사람과의 추억이 무엇보다 소중할 것이다. 그 마음을 간파하는 것이다. 그 추억에 대해 물어보라. 그러면 친구는 추억을 말하면서 위로를 받는다. 스스로가 자신의 슬픔을 치유하는 것이다.
그대는 정말 친구를 사랑하고 아끼는가. 친구가 슬퍼하는 모습이 가슴 아픈가. 그렇다면 가끔 친구에게 슬픔의 진원지에 대해 질문하라. 그러나 주의할 점은 있다. 질문은 항상 긍정적인 답을 끌어낼 수 있어야 한다. 질문할 때 목소리 톤은 최대한 부드럽게 하고 표정은 한없이 자애롭게 해야 한다. 그리고 무엇보다 동공을 확대시켜 나는 너의 아픔을 이해한다는 마음을 나타내야 한다. 그렇게 하면 친구는 당신을 믿고 자신의 슬픔을 기꺼이 털어놓을 것이다. 친구는 그때부터 잠시나마 슬픔이란 짐을 내려놓고 당신 곁에서 편안해질 것이다. 친구란 그런 것이다. 내색하지 않고 서로를 위로해 주는 관계 말이다.

음악을 틀어
슬픔을 리듬으로 읊조려라

내가 지금 글을 쓰고 있는 이 순간에도 잔잔한 음악이 귓가를 파고든다. 나는 만일 작가가 되지 않았다면 아마 작곡가가 되지 않았을까 싶다. 그만큼 음악은 내 인생의 중요한 비중을 차지한다. 꼬맹이 시절부터 혼자서 정체 모를 곡을 작곡해서 흥얼거리던 나였다.

내 친구 경희는 늘 이렇게 말하곤 했다.

"음악의 향기로운 선율에 취하면 무한한 상상력이 발휘돼."

그 말이 맞다. 나 또한 글을 쓰지 않을 때도 음악을 들으면 마음이 그지없이 평온해진다.

"음악은 모든 생명체에게 활력을 불어넣어 주는 것 같아."

경희가 한 이 말은 그만큼 음악이 인간에게 미치는 긍정적인 측면이 많다는 뜻이 아니겠는가.

"그래. 고대 이집트인들 말처럼 음악은 영혼의 약이야."

실제로 음악을 많이 들으면 뇌에서 알파파가 방출되어 마음을 안정시키는 효과가 있다고 한다. 심지어 어떤 학자들은 암환자에게 음악을 지속적으로 듣게 한 결과 체온이 상승됨으로 인해서 암세포를 퇴치한다는 주장까지 하고 있다. 그들의 주장이 사실이든 그렇지 않든 우리는 음악을 들으면 마음이 안정되고 감정이 정화되는 것을 느낄 수 있다.

  자신이 좋아하는 음악을 들으면 웃을 때처럼 혈관이 늘어나서 건강에 좋다는 연구결과도 있다. 메릴랜드대 의료센터 마이클 밀러 박사는 "인간이 음악 감상을 하면 혈관이 팽창되어 혈액의 흐름이 원활해진다."라고 말했다. 이 얼마나 기쁜 일인가. 자신이 좋아하는 음악을 들으며 건강까지 챙길 수 있다니. 이것이야말로 일석이조가 아니겠는가. 음악 감상하는 일이 이렇게 우리에게 좋은 영향을 끼친다는 사실에 놀라지 않을 수 없다.

  그러나 역시 주의할 점은 자신이 좋아하는 음악을 들어야 한다는 것이다. 싫어하는 음악을 들으면 반대로 혈관이 좁아진다고 하니 유념하길 바란다. 자신이 좋아하는 음악을 행복한 기분으로 듣고 있노라면 혈관이 넓어지고 피가 부드럽게 흘러가므로 혈액응고를 예방할 수 있게 된다. 이는 결국 심장마비와 뇌졸중 발생을 현저히 줄일 수 있고 동맥경화를 미리 차단시켜 주게 된다.

  음악은 역시 좋은 것이다. 나는 글을 쓸 때 음악을 듣고 쓰면 그렇게도 술술 잘 써진다. 당신은 어떤가. 오늘 몇 곡의 음악을 들었는가. 공부에 시간을 다 빼앗겨 혹은 직장 일에 정신이 없어서, 김치 담그고 장 보고 오느라 바빠서 혹시 한 곡도 듣지 못했다면 이제 그런 습관을 바꿀 때이다.

  음악을 틀어라. 만일 슬픈 일이 있다면 각별히 신경 써야 한다. 그럴 땐 음악이 반드시 필요하다. 음악만큼 슬픔을 잘 용해시켜 주는 것도 드물다. 자신이 가장 좋아하는 음악을 옆집에 피해가 가지 않을 만큼 크게 켜놓고 그 음악의 흐름에 자신을 맡겨라. 이렇게 기분 좋은 순간이 또 있을까 싶을 것이다. 음악이 나른하게 잠자던 세포들을 깨워 생기를 불어넣어 줄 것이다. 지루했던 일상이 갑자기 신나는 세상으로 바뀔 수도 있다. 음침했던 하루가 대단히 흥겨운 세계로 변화되어 보일 수도 있다. 어떻게 하면 그런 혜택 아닌 혜택을 음악으로부터 받을 수 있는지 궁금하지 않은가.

  매일 일정한 시간을 내어 좋아하는 음악을 누구 눈치 보지 말고 마음껏 들어라. 감미로운 멜로디에 영혼을 내맡겨라. 리듬에 몸을 싣고 신나게 춤을 춰도 좋고, 잔잔한 음악을 들으면서 한없이 서정적인 상태로 접어들어도 좋다.

  이렇게 생각하라. 나는 음악이 좋아. 음악은 나를 행복하게 해. 그러면 음악도 자신을 좋아하는 이에게 짜릿한 감동을 선물해 줄 것이다. 그 감동의 끝에 건강이 있음은 물론이다.

'우울증=슬픔', 너무 깊으면 병이 된다

사전을 보면 우울증 옆에 괄호가 쳐져 있고 이렇게 적혀 있다. "(슬픔증)". 이는 우울증이 슬픔증이란 말과 동일하다는 뜻이리라. 도대체 슬픔이 얼마나 깊어야만 병이 되는 것일까. 인간에게 우울증이란 말이 적용되기 시작한 것은 아마 슬픔을 주체하지 못한 이들을 지켜보던 어느 친절한 의사가 병명을 만들어 주었기 때문일 것이다. 그렇지 않았다면 우울증이란 말은 이 세상에 출현하지 않았을 것이고, 치료 약도 예방법도 개발되지 않았을 것이다.

나도 한때 우울증을 앓던 시절이 있었다. 과도한 스트레스에 지친 나는 어느 날부터 갑자기 눈물이 시도 때도 없이 흘러나오기 시작했다. 참으로 신기했다. 고장 난 수도꼭지처럼 주르르 흘러내리는 눈물은 장소와 시간을 불문하고 제멋대로 내 눈에서 쏟아져 나왔다. 별일도 아닌데 눈물이 왈칵 흘렀고, 사는 게 무의미하다고 느껴졌으며 도무지 웃음이 나오지 않았다. 억지로라도 웃어보려고 했지만 절대 결단코 입술은 웃음을 허락하지 않았다. 딱딱하게 굳어버린 입술로는 그 흔한 미소도 지을 수 없었다.

그동안 들어온 상식으로 이 증상은 우울증의 증상과 매우 흡사했다고 느낀 나는 다급하게 약국을 찾아가 약을 샀다. 그 당시에는 처방전이 없어도 약을 살 수 있었던 때였다.

"제가 자꾸 눈물이 흘러나와요. 굉장히 슬프고 괴로워요."

소심한 목소리로 약사에게 증상을 털어놓으면서 왜 그렇게 부끄럽던지. 그렇게 해서 사 온 약을 며칠 먹었더니 의외로 빨리 증상이 호전되는 것이었다. 그런데 성격 급하고 약을 끈질기게 먹지 못하던 나는 사흘 정도 먹다가 약을 먹지 않기로 했다. 온전히 내 의지로 이 우울증이라고 의심되는 녀석을 내 마음속에서 박멸시키기로 결심했기 때문이었다.

무엇인가 부정적인 것의 뿌리를 뽑아내려면 굉장한 고통을 감수해야만 한다고 생각한다면 당신의 생각이 옳다. 세상살이가 그러하듯 쉽게 이룰 수 있는 것은 없다. 그날 이후로 심각했던 나의 우울증 증상은 점점 사라지게 되었다. 그뿐만 아니라 이제는 오히려 우울증에 시달리는 사람들에게 위로를 줄 수 있는 사람이 되었다. 과연 그 비법이 무엇인지 궁금하지 않은가.

그 비법을 지금부터 공개하겠다. 당신이 만약 조금이라도 그런 증상이 의심된다면 더 심각해지기 전에 이 방법을 쓰도록 하길 바란다. 그것은 매우 간단하다.

바로 책을 읽는 것이다. 그렇다면 만화책이나 소설책, 위인전, 혹은 재미있는 볼거리가 잔뜩 실린 잡지책을 닥치는 대로 읽으면 될까. 모두 아니다. 우울한 당신에게 필요한 것은 바로 자기계발서이다. 자기계발서의 신비한 치유능력에 의해 내가 완치되었듯이 당신도 그럴 가능성이 많이 있다.

  나는 삶에 지친 사람들에게 용기와 희망을 주고 미래에 대한 꿈을 제시해 주는 자기계발서야말로 최고의 책이 아닐까 생각한다. 그래서 나 또한 그처럼 비슷한 책을 쓰고 있는 것이다. 그렇지만 책에만 의존하다가 치료시기를 놓치는 오류를 범해서는 안 되며, 곤란한 상태의 중증 우울증 환자들에게는 병원에 가보기를 권하고 싶다. 우울증을 치료하는 좋은 약들이 많이 나와 있다.

  우울증은 엄연히 정신질환의 하나이다. 정신에 병이 생긴 것이다. 병을 치료하는 적기는 언제일까. 바로 초기이다. 우울증은 여성이 남성보다 발병빈도가 2배나 높다. 여성들이여! 주의하라. 우울증의 진단요소를 참고로 알아보자. 이것은 사전에 있는 정확한 정보라는 점을 밝힌다.

다음 중 5가지 이상, 이 중 1, 2는 반드시 있어야 한다.
1. 하루 종일 우울한 기분
2. 삶에 대한 흥미 감소
3. 체중감소나 증가
4. 불면/과수면
5. 정신운동 초조 또는 지체

6. 피로감

7. 무가치감 또는 자책

8. 사고-주의집중력 감퇴

9. 자살시도/자살계획 또는 반복적 자살사고

   위 내용을 보면 우울증이란 이러한 것이다. 즉, 온종일 슬픈 감정이 지속되고 삶에 대한 관심과 재미가 감소되는 것이다. 살이 빠지고 혹은 살이 토실토실 찌고 잠이 오지 않거나 지나치게 많이 자는 것이다. 심장이 두근거리고 초조하고 힘든 일을 하지 않았는데도 피곤함이 밀려오고 나 자신의 존재가치가 회의적으로 느껴지는 것이다. 자꾸 잘못한 일만 생각나고 무슨 일을 하려고 하는데 도무지 집중을 할 수가 없는 것이다. 결국 그냥 확 죽어버려서 이 세상을 깔끔하게 하직하고 싶어지는 것이 우울증이란 그 말이다.

   우울증을 결코 쉽게 여겨서는 안 되는 이유가 여기에 있다. 바로 자신의 모든 것을 포기하고 싶어지기 때문이다. 만일 당신이 우울증이라면 항우울제의 도움을 받아야 할 것이다. 그리고 무엇보다 자신의 가치에 대해 깨닫는 일이 선행되어야 한다.

   어떠한 경우에도 삶을 포기하지 말고 살아야 하는 이유는 분명히 있다. 인간의 가치를 돈으로 환산할 수 없듯이 자신이란 사람의 중요성에 대해 긍지를 가져라. 좋은 책을 많이 읽어 긍정적인 관점에서 세상을 바라볼 수 있는 안목을 기르고 인생에 대해 감사하는 마음을 키워라. 우리는 모두 우울증을 겪을 수 있는 잠재적인 위험요소를 가지고 있다. 그렇지만 아직 그 병에 굴복하지 않을 수 있는 이유는 그래도 세상은 아름다운 곳이고 살아 있다는 사실이 행복하다는 깨달음을 얻었기 때문일 것이다.

슬픔은 눈사람이다

슬픔은 눈사람과 같다. 언뜻 녹아서 사라지는 것 같지만 다음에 다시 눈이 내리면 만들 수 있는 것이다. 하지만 사람들이 눈사람을 만들지 않으면 눈사람은 존재할 수가 없다.

나는 어릴 때 하얀 눈이 찹쌀가루처럼 펑펑 하늘에서 쏟아지는 날이면 동네 아이들과 함께 고사리 같은 손으로 눈송이를 뭉쳐서 눈사람을 만들었다. 겨울 햇살은 지붕 위에 느긋이 걸터앉아 그런 우리들을 바라보며 살며시 미소 짓고 있었지만 눈사람을 만들다 보면 어느새 손이 꽁꽁 얼어버리곤 했다.

꽁꽁 얼어붙은 손은 너무 차갑고 아팠다. 장갑을 꼈지만 눈이 새어 들었기 때문이었다. 하지만 길거리를 지나가던 사람들이 빙그레 웃으면서 우리가 만들고 있는 눈사람을 바라보며 예쁘다고 말할 때마다 하늘을 나는 기분이었다. 잠시 그 시절로 돌아가 본다.

"얘들아, 추운데 뭐 하니? 눈사람 참 예쁘구나."

우리가 만든 눈사람이 그럴듯합니다. 목에 힘이 들어갑니다. 아빠가 만드신 강아지 집만큼은 아니지만 그래도 봐줄 만하니까요. 마치 뚱뚱한 아저씨가 하얀 옷을 입고 손을 흔들며 서 있는 모습입니다. 엄마의 스카프를 목에 둘러주고 검은콩으로 두 눈도 만들었습니다. 입술은 없어요. 아직 입술을 만들 재료를 찾지 못한 채 어정쩡하니 앉아 있으려니 벌써 어둠이 찾아왔습니다. 겨울 해는 왜 이리도 짧을까요. 엄마가 부르는 목소리가 멀리서 들립니다.

"밥 먹어라. 어서 들어오렴."

그렇잖아도 출출해졌는데 그 목소리가 반가워 후다닥 달려갑니다. 이제껏 정성을 쏟았던 눈사람은 까마득히 잊어버렸습니다. 집에 들어오니 엄마가 맛있는 시래기 된장국을 끓여주셨네요. 동생과 나는 사이좋게 앉아 된장국에 밥을 말아 먹습니다.

"엄마, 내일도 눈이 올까요?"

동생이 배가 부른 듯 수저를 내려놓으며 묻습니다.

"아마 그럴 거야. 요즘 눈이 많이 와서 걱정이다."

"왜 걱정이세요? 전 좋은데."

내가 이해할 수 없다는 듯 고개를 갸우뚱거리자 엄마가 날 깊은 시선으로 바라봅니다.

"아니다. 너희들이 좋다면 나도 좋지."

엄마는 이상합니다. 왜 눈이 많이 오는데 걱정이실까요. 난 그 이유를 도무지 알 수 없노라고 되뇌이다가 스르르 잠이 들었습니다.

그다음 날 아침, 다른 때보다 일찍 잠에서 깨어 문을 열어보았습니다. 아, 눈이 내려요. 그런데 햇살이 비추네요. 우리는 그제야 어제 만들다 만 눈사람이 생각났습니다. 밤새 꽤 추웠을 텐데요. 혼자 외로웠을 거예요. 잘 있을까요. 황급히 달려가 봅니다. 다행이네요. 눈사람은 어제의 모습 그대로 거기에 서 있었습니다. 다리가 아파 보여요. 동생과 나는 눈사람의 다리에 더 많은 눈을 붙여줍니다. 튼튼해지라고요. 그리고 집에서 가지고 온 빨간색 플라스틱 간장종지를 눈사람의 얼굴에 붙여주었습니다. 입이랍니다. 눈사람에게도 이제 입이 생겼어요.

그때였습니다. 눈사람의 입이 움직이기 시작했어요. 눈사람이 입을 벌려 말을 해요.

"고맙다, 너희들."

"엉? 눈사람이 말을 하네."

어느새 모여든 친구들이 눈사람을 보며 놀라워합니다.

"난 눈사람이 아니야, 난 슬픔이란다."

"네가 슬픔이라고? 넌 눈사람이잖아. 우리가 만들었어."

"맞아. 난 너희가 만들었지. 그렇지만 난 슬픔이야."

도무지 무슨 말을 읊조리는지 모르겠습니다. 슬픔이 무엇인지 우리들이 알기에는 아직 어리니까요. 우리는 슬픔을 이해하고 싶지도 않고 싶지도 않을 나이입니다. 초등학생도 안 된 어린아이니까요.

"너희들이 조금 더 자라면 날 알게 될 거야. 내가 슬픔이란다. 기억하렴. 너희들은 나를 만들었어. 그렇지만 날 버려두고 집에 가버렸지. 그래서 난 밤새도록 추운 이곳에서 떨고 있었단다. 지난밤 매서운 눈보라가 뺨을 할퀴고 지나갔지. 그래도 난 너희들이 올 거라고 믿었기에 여기에 서 있었어. 다시 올 줄 알았어. 고맙다. 하지만 조금 있으면 난 너희들 곁을 떠날 거야."

"왜? 우리 곁을 떠나?"

"난 원래 눈사람이었으니까. 슬픔은 눈사람이야. 녹아서 사라지는 것 같지만 다음에 다시 눈이 내리면 만들 수 있는 것. 하지만 너희들이 날 만들지 않으면 난 존재하지 않지."

우리들은 눈사람의 이야기에 귀를 기울이기에는 너무 장난꾸러기들이었습니다. 한 친구가 눈싸움을 시작하자 너도나도 눈덩이를 던지느라 아수라장이 되고 말았습니다. 햇살이 점점 뜨겁게 눈사람의 몸을 비추고 있었습니다. 그러자 눈사람은 서서히 얼굴을 잃고 다리를 잃고 흐물흐물 녹아내리기 시작했습니다. 그렇지만 아무도 눈사람에게 눈길을 주지 않았습니다. 내년 겨울에 또 우리들은 눈사람을 만들 겁니다. 그건 당연한 거니까요.

정말 눈사람은 슬픔일까요. 슬픔은 눈사람일까요. 그렇다면 슬픔은 언제 녹아내리나요. 눈사람처럼 형체도 없이 사라져 버린다면 왜 또다시 슬퍼지는 건지 오늘 저녁에는 그 해답을 꼭 찾아야겠습니다.

슬픔이여, 안녕!

　장마 기간에 어울리게 유난히 흐린 날씨다. 잊을 만하면 내리는 비를 바라보면서 우리의 슬픔 또한 저런 것이 아닌가 생각한다. 잊혀질 만하면 다시 찾아오는 가슴 아릿한 감정이 슬픔이라면 우리가 사는 동안 영원히 결별하기 어려운 존재라면 어떻게 해야 할까. 아주 많은 사람들이 지금 이 시간에도 골방에 앉아서 혹은 수많은 인파 속을 걸어가면서 흐느끼고 있다. 서로가 눈치채지 않을 만큼의 소리로 울먹거리면서 자신의 슬픔을 감당해 내기 위해 몸부림치고 있는 것이다. 생이 슬픔의 연속이라면 이제 그 슬픔에 대해 두려워하고 외면하기보다는 더불어 살아가는 지혜를 발휘해야 하지 않겠는가. 살기 위해 밥을 먹어야 하는 것처럼 생각을 하는 이상 슬픈 감정은 수시로 우리를 찾아올 것이다.
　감정의 밥상에는 늘 슬픔이란 반찬이 차려져 있다. 그것을 젓가락으로 집어 먹느냐 그렇지 않고 다른 반찬을 집어 먹느냐는 우리의 선택사항이다. 그런데 의도하지 않았는데 누군가 슬픔이란 반찬을 우리 입에 넣어주는 경우가 있다. 그래도 입을 벌리지 않는 이상 슬픔이 우리의 내면에 침투할 수는 없다. 무례한 그 누군가가 주삿바늘로 슬픔을 혈관에 꽂아 넣지 않는 이상 우리는 슬픔을 섭취하지 않아도 되는 것이다. 이런 사실은 우리를 안심하게 할 수도 있다.

"그래, 슬픔이란 것도 결국 인간의 마음가짐에 의해 좌우되는 감정일 뿐이야. 즐거운 마음으로 살아보자. 이 슬픔도 어차피 사라질 연기와 같은 거잖아."

이렇게 자위하면서 살 수 있는 사람은 인생을 살기가 참 수월한 사람이다. 안타깝지만 모든 사람이 그렇게 살아가지는 못한 것이 현실이다.

"왜 나야, 하필 나야, 내게 이런 일이 생기다니 견딜 수 없어."

이렇게 설움을 토해내며 오열하는 사람이 바로 내가 아니라고 자신 있게 말할 수 있는 사람이 몇이나 될까. 아주 자주 우리는 울고 있다. 겉으로 눈물을 뚝뚝 흘리면서 울기도 하고 마음속으로 한참 넋을 놓고 흐느끼기도 한다. 틈만 나면 슬픈 일을 떠올리며 온몸으로 경련하기도 한다.

언제까지 이러고 살 것인가. 언제까지 패배의식에 사로잡혀 다른 사람의 행복한 모습을 보고 부러워하고 자신의 삶을 가엾게 여기면서 슬퍼할 것인가. 언제까지 자학하며 환경을 탓하고 살아온 과거를 탓하면서 신세를 한탄할 것인가. 언제까지 떠나버린 사람을 그리워하면서 정작 소중한 자신의 시간을 헛되이 보내고 말 것인가.

이쯤에서 이제 그만 슬픔을 놓아주자. 이제 당신은 눈물을 닦고 일어나 현실에 뛰어들어야 한다. 아무리 외면하고 싶은 고단한 현실이라도 언제까지 외면만 하고 살 수는 없는 노릇이지 않은가. 눈물만 흘리고 계속 기운 없는 모습으로 살아간다면 슬픔이 당신의 목줄을 쥐고 절망의 동굴 속으로 끌고 갈 것이다.

눈물을 그치자. 우리가 서럽게 울면 엄마는 침착한 목소리로 우리에게 말하지 않았던가. 뚝! 그 짧은 한마디 말에 우리들은 금세 울음을 그치고 멀쩡해졌던 기억이 있다. 슬픔도 중독된다. 매일 애잔해하면서 살면 그런 삶만 펼쳐지게 되어 있다. 용기를 지니고 다시 삶 속으로 걸어 들어가자. 모든 일은 자신이 어떻게 하느냐에 따라 달라진다는 말은 흔하디흔한 말이지만 분명 맞는 말이다. 슬픔을 배려하는 차원에서도 우리는 이제 그만 슬픔을 놓아주어야 한다.

보내자. 슬픔. 조금 있으면 다시 찾아올 감정이란 걸 알지만 구태여 그것을 붙잡고 있을 필요는 없다. 미련 없이 슬픔을 배웅하라. 잘 가라! 슬픔이여, 다시 찾아오더라도 너를 반기지 않겠노라.

2.
기쁨 다스리기

국화꽃 향기 그윽한 꽃밭…… 노랑나비가 날갯짓하는 봄날의 들판…… 첫사랑과 나누던 아득한 입맞춤…… 그런 온갖 아름다운 것들로 가득 찬 감정이 기쁨이다. 천사들이 내려와 덩실덩실 춤을 추고, 새들이 청아하게 지저귀고, 꿈은 목청 높여 노래하고, 이상은 마음껏 나래를 펴서 인생이란 창공을 훨훨 비행하는 그 황홀한 순간이 기쁨이란 것이다. 생활이란 먼지에 두텁게 찌든 마음을 단숨에 펴주고 물질적 욕망에 허덕이는 근시안적인 세계관을 드넓은 사랑과 아량으로 바꾸어 주는 것 역시 기쁨이 하는 역할이다.

그대는 감정나라에서 가장 빼어난 미모와 몸매를 갖춘 완벽한 미녀가 기쁨이라는 사실을 아는가. 우리는 기쁨을 만나면 모든 걸 잊고서 행복해한다. 과거의 달갑지 않은 기억들도 저 멀리 사라져 버리고 미래에 대한 두려움도 깨끗이 자취를 감추며 오직 현재의 감정에 몰입하게 만드는 기쁨에 대해 감사하는 것은 당연한 일이다.

하지만 사람들은 기쁨에 대한 배려가 어김없이 서툴다. 사랑스러운 애인에게 늘 서툰 것처럼. 이제 기쁨을 어떻게 하면 충만하게 느낄 수 있을지, 완벽하게 자신의 것으로 소유할 수 있을지 생각하자. 기쁨과의 온전한 교류를 소원하며 떨리는 가슴으로 아름답다고 소문난 그녀를 어서 만나보자.

기쁨의 뿌리
='만족+긍지+자부심'

"기뻐하자, 친구들이여. 오늘은 정말 기쁜 날이다. 시원하게 샴페인을 터뜨리고 케이크 위에 승리의 촛불을 꽂아라."

왜 그렇게 해야 하는가. 바로 당신이 생애 최고의 기쁨을 누리는 날이기 때문이다. 이렇듯 기쁜 날이 또 있었던가 싶다. 아무리 기억을 더듬어 봐도 오늘처럼 기쁘고 행복한 날은 없었던 듯싶다. 하늘을 날아갈 듯 몸은 가벼워지고 영혼은 기쁨의 언어들로 풍요로워진다. 사람들은 다들 당신을 부러워하고 한없이 존경하는 시선으로 우러러 바라본다.

노을은 장밋빛으로 사방에 떨어져 어두운 저녁나절을 곱게 물들이고 감성을 적시는 음악은 은은하게 지상에 깔리며 바람은 고혹적인 여인의 손길처럼 부드럽게 머리칼을 쓸어 넘겨준다. 제국의 황제나 황후보다 더 융숭한 대접을 받으며 당신은 지금 가장 빛나는 한때를 보내고 있는 중이다.

지금 기쁨을 만끽하고 있는 당신은 아마도 그토록 고대하던 합격 소식을 받았거나 승진을 했거나 프러포즈에 성공했거나 사업으로 엄청난 이득을 창출했거나 학문을 높은 경지로 끌어올렸거나 원하던 물건을 소유하게 되었거나 이 세상에 없던 그 무엇을 발명하였을 것이다. 자신이 그토록 바라던 것을 이루었다는 사실이 다시금 가슴을 벅차오르게 하는 것이다.

그렇다. 인생에는 정말 이렇듯 기쁜 날도 있다. 마치 꿈을 꾸는 것 같은 너무 황홀하고 믿기지 않아서 비현실적인 느낌마저 주는 날이 있는 것이다. 삶의 정점을 찍듯 꿈이 실현되는 날이 있는 것이다.

만일 그렇지 않고 매일 우중충한 일만 생긴다면 누가 미래를 기대하며 열심히 살아가려고 하겠는가. 오늘 아무리 노력해 봤자 내일 아니 그다음 날이 되어도 전혀 발전할 수도 없고 성공할 수도 없다면 사람들은 실망하고 포기하고 말 것이다. 그러나 오늘 기울인 노력이 언젠가는 그에 상응하는 결과를 불러들일 것이라는 신념이 있기에 모두들 열심히 살아가는 것이 아니겠는가.

아무튼 오늘은 당신이 생애 최고의 업적을 이룬 날임이 틀림없다. 오늘은 평생 잊을 수 없는 역사적인 날이 된 것이다. 기뻐하고 또 기뻐하는 당신의 모습은 어찌나 아름다운지, 그 어떤 매력적인 배우보다 더 빛을 발한다.

내게도 기쁜 일이 있다. 어쩌면 정말 기뻐서 팔짝 뛰어야 마땅한 일이 일어난 것이다. 며칠 전 그렇게도 간절히 염원했던 출판계약을 하게 되었다. 두 권의 원고를 모두 실패하고 세 번째 원고로 이루어

낸 뜻깊은 결실이었다. 수년 동안의 노력이 결코 헛되지 않았음을 깨닫게 해주는 계약서를 바라보면서 뭉클한 감동을 느껴본다. 그런 기쁨을 만끽하면서 느긋하게 여유 부리며 쉬어도 좋으련만 이렇게 또 다른 원고를 쓰는 까닭은 무엇일까. 그 이유는 글을 쓰는 일 자체를 사랑하고 독자들과 오순도순 글로써 대화하는 것을 행복하게 여기고 있기 때문이다.

어떤 좋은 일로 오늘 기쁜가. 티 없이 행복하다면 그걸로 충분하다. 오늘의 이 기쁨이 당신을 지켜줄 것이다. 제아무리 강렬한 슬픔과 극도의 괴로움이 다가와도 흔들리지 않도록 중심을 잡아줄 것을 믿어라. 그러니까 걱정하지 말고 오늘의 이 기쁨을 향유하라. 주변 사람들의 수군거림 따위에 귀 기울이지 말라.

"저래봤자 얼마 못 가서 망하고 말 걸."이라든가 "아무래도 의심스러워. 별로 대단해 보이지도 않은 사람이 그 일을 해냈다니, 뭔가 있지 않을까."라는 하찮은 소리에 반응할 필요는 없다. 얼마나 부러우면 그러겠느냐고 가엾게 여겨라. 당신이 대범하게 비난을 수용해 주면 그 비난의 발원지는 스스로 자멸하고 말 것이다.

온몸에 만족과 긍지와 자부심이란 영양 가득한 수액을 끼얹어라. 울타리에 열린 탐스러운 호박처럼 인생에는 이처럼 기쁨이란 열매가 열린다. 망설이지 말고 그것을 거두어들여라. 바로 당신에게만 허락한 신의 선물이다.

기쁨을 불러들이는 열쇠
='좋은 일이 생길 거야.'

　노인의 허름한 옷 사이로 매캐한 자동차 매연이 살금살금 파고든다. 행인들의 구두 뒤꿈치에서 떨어져 나온 삶의 각질들도 한 움큼씩 그의 주름진 살갗을 비집어 든다. 구멍이 숭숭 뚫린 옷에는 도심의 온갖 더러운 것들이 주렁주렁 매달려 있다.

　60살쯤 되어 보이는 노인의 머리는 산발이 된 채 엉켜 있다. 누군가 마구 헝클어뜨려 놓은 것처럼 머리카락은 제멋대로 뒤엉킨 채 머리 위에 덩그러니 얹어져 있다. 지나가던 사람들이 마치 못 볼 것을 본 듯 소스라치게 놀라며 계단 위에 웅크린 노인을 피해 가곤 했다. 몇 명의 사람들은 주머니에서 주섬주섬 동전을 꺼내어 동물원에서 원숭이에게 바나나를 주듯 감정 없이 던져주었다. 동전 소리가 쨍그랑 날 때마다 노인의 등은 곧게 펴졌으나 이내 다시 바닥을 향해 오그라들었다.

　눈살을 찌푸리는 아저씨, 가여워 죽겠다는 듯 유심히 바라보는 소녀, 아예 처음부터 네가 거기 있다는 사실을 몰랐다는 듯이 고개를 돌리고 계단 위아래로 달음질치는 숱한 사람들. 노인의 고행은 하루 종일 계속되고 있었다.

점심시간이 훌쩍 지났을 때 한 아이가 나타났다. 아이는 자신이 껌을 팔아 모은 돈으로 햄버거를 하나 사가지고 왔다.

"이거 잡수세요. 김 씨 아저씨."

"어…… 네가 돈이 어디 있다고……."

공장에서 일하다 사고로 두 다리를 잃고 노숙자가 된 김 씨가 눈물을 글썽이며 아이가 내미는 햄버거를 받아 들었다.

"고맙다. 준혁아. 잘 먹을게."

노인은 배가 고팠는지 우걱우걱 햄버거를 씹어 삼키기 시작했다. 아이는 김 씨가 햄버거를 받아먹자 안심이 된 표정으로 팔고 남은 껌들을 챙겨 절뚝거리며 걷기 시작했다. 아이의 한쪽 다리는 의족이었다. 한쪽 팔도 없고 한쪽 다리도 없는 아이가 껌을 팔고 다니는 사실에 사람들은 매번 놀라워했다.

아이가 한 시간여를 쉬엄쉬엄 걸어서 도착한 동네는 철거가 한창 진행 중인 어수선한 동네였다. 친구 민철이가 살던 옆집이 그새 허물어져 있었다. 무서운 냉기가 빈 동네를 휘감고 있었다. 사람들이 모두 떠난 건물들에선 금방이라도 귀신이 튀어나올 것 같았다. 다 쓰러져 가는 움막 같은 집으로 들어서자 밭은기침 소리가 아이를 가장 먼저 반겼다.

"콜록콜록. 준혁이 왔구나."

이어서 맑고 낭랑한 목소리가 들려왔다.
"형아."
아이는 활짝 웃으면서 품에 꼭 끌어안고 온 껌과 돈이 든 가방을 그제야 내려놓았다.
"할아버지, 저 왔어요. 민혁아! 잘 지냈어?"
"엉, 형아. 배고파! 밥 줘."
준혁이의 말이 끝나기도 전에 동생 민혁이가 칭얼대기 시작했다.
"콜록콜록. 내가 차려야 하는데 준혁이 너한테 시키다니. 콜록."
"괜찮아요, 할아버지. 시장하시죠? 잠깐만 기다리세요."
준혁이는 서둘러 몸을 씻고 라면을 끓이기 위해 물을 올렸다. 방 안에서는 할아버지의 기침 소리가 여전히 메아리처럼 들려오고 동생은 라면봉지를 보자 급 흥분모드에 돌입했는지 더 칭얼거리고 있는 밤.
라면봉지를 뜯고 스프를 꺼내는 아이의 표정은 어두워야 마땅하지 않을까. 그러나 준혁이는 전혀 불행해 보이지 않았다. 입과 하나뿐인 손을 동시에 동원해 봉지를 열면서 내내 싱글벙글 웃고 있었다. 라면을 끓여서 세 식구가 둘러앉아 먹는 이 시간이 준혁이에게는 가장 큰 기쁨이었기 때문이었다.
준혁이는 폐가 안 좋으신 할아버지와 아직 엄마의 손길이 필요한 동생 민혁이를 돌보면서 하루하루 살아가는 자신의 삶에 대하여 한 번도 원망하지 않았다. 상을 치우고 준혁이는 늘 그랬듯이 책상 앞에 앉았다. 그리고 교재를 꺼내 공부를 하기 시작했다. 검정고시를 준비하기 위해서였다. 학원에 다닐 형편이 되질 못했고 이 집에서도 곧 쫓겨나야 할 처량한 형편이었지만 단 하루도 빼먹지 않고 공부하는 일을 멈추지 않았다. 아이의 책상에는 이런 글귀가 큼지막하게 적혀 있었다.

[좋은 일이 생길 거야. 곧 좋은 일이 생길 거야.]

훗날 준혁이는 검정고시에 합격해서 대학에 진학하였다. 그리고 사회복지사가 되어 사람들에게 어려움 속에서도 희망을 잃지 않고 살아갈 수 있도록 성심성의껏 도와주고 있다. 그는 어른이 되어서도 힘든 일이 있을 때마다 자신을 향해 주문을 외우듯 말한다.

"좋은 일이 있을 거야. 힘내자. 난 너를 믿어."

우리는 준혁이처럼 비관적인 상황에 처해 있는가. 대부분 준혁이보다 더 나은 상황일 것이다. 얼마든지 더 좋아질 수 있는데 너무 쉽게 기쁨을 포기하고 살지는 않는지 준혁이 이야기를 통해 자문해 볼 일이다.

이제 힘든 일 앞에서 유약하게 굴복하기 전에 준혁이가 그랬듯이 스스로에게 말해보자. "좋은 일이 생길 거야."라고. 그러면 기쁜 일이 생길 것이다. 당신의 부름에 기쁨은 반드시 햇살처럼 환한 웃음을 머금고 달려올 것이다. 왜냐하면 기쁨은 긍정적인 기대를 하는 사람을 결코 배신하지 않기 때문이다.

햇살 뒤에 웅크리고 있는
먹구름을 보라

밤마다 정성 들여 챙겨 보는 것이 있다. 바로 뉴스다. 나는 뉴스 중에서도 특히 날씨에 민감하게 반응한다.

"남부지방으로 저기압이 내려가서 제법 많은 양의 장맛비가 내리겠습니다. 내일은 꼭 우산을 준비하셔야겠습니다."

아리따운 기상 캐스터의 말에 밤하늘을 무심코 바라보게 된다. 아무래도 내일은 우산이 필요하겠군. 하지만 전혀 비가 올 것 같지 않은 밤하늘은 시치미를 뚝 떼고 있는 중이다. 선보러 나온 새침한 아가씨처럼 정색을 하고 있다.

"내일 날씨가 궁금하니? 글쎄 나도 생각 중이야. 비를 내려줄까. 말까. 기상청도 내 속을 모를걸."

하늘이 이렇게 말하는 소리가 들려오는 것 같아서 나도 몰래 피식 웃음이 나온다. 그대도 비가 온다고 해서 기껏 바쁜 아침 출근길에 우산을 준비했다가 하루 종일 비는 한 방울 내리지 않고 오히려 해가 쨍쨍 비춰 들고 간 우산이 거추장스러웠던 기억이 한 번쯤은 있을 것이다.

경수는 날씨가 틀릴 때마다 투덜거리면서 기상청을 탓한다.

"도대체 뭐 하는 곳이래. 날씨 하나도 예측 못 하고."

경수는 그러다가 가끔은 아주 정확하게 예보를 해주면 또 금세 칭찬을 하기도 한다. 그것은 경수가 가진 착한 마음씨이기도 하다.

경수는 생각한다. 우리 인생도 기상청 같은 곳이 있어서 미리미리 미래를 알려준다면 어떨까 하고.

"한 달 후에는 불의의 교통사고가 생겨서 오른쪽 이마 윗부분을 열 바늘 꿰매는 부상을 입을 것입니다."

"결혼은 30살 되는 해 12월 25일에 2년 연하의 신부와 하게 되겠습니다."

"앞으로 920일 후에 사랑니가 네 개 나서 통증이 심해질 것입니다."

"3일 후에는 집에 검은 복면을 한 이십 대 후반의 도둑이 들 예정입니다."

"당신의 수명은 언제까지입니다."

여기까지 듣다가 경수는 자신도 모르게 불만스러운 목소리로 소리친다. 그래서 어쩌라고.

절대 바꿀 수가 없는 미래를 듣는 일은 괴로운 일이 될 수도 있다. 미래에 대한 예보를 들어서 좋은 면도 있지만 자칫 불행한 예보를 듣게 된다면 차라리 안 듣는 것보다 못한 일인 것 같지 않은가. 지금처럼 내일 무슨 일이 일어날지 모르고 잠시 후에 어떤 사건이 일어날지 모르는 게 인간에게 유익한 듯싶다. 결과를 모두 알고 스포츠 경기를 시청한다면 기분이 어떨까. 아마 김빠진 맥주를 마시는 것처럼 밍밍하고 지루하기 그지없을 것이다. 그것처럼 우리 인생도 앞날을 예측하지 못하고 지금처럼 살아가는 게 더 흥미진진한 것이다.

하지만 조심하고 유의하면서 살아가야 하는 일은 분명히 있다. "미래에 무슨 일이 일어날지 모르는데 너무 무리하지 말고 적당히 살죠." 하면서 살아갈 사람이 있을지도 모르지만, 대부분의 사람들은 그래도 미래를 대비해 미리미리 보약도 챙겨 먹고 규칙적으로 유산소 운동에 근력운동도 한다. 수고스럽지만 이자 더 주는 은행을 찾아가서 저축도 하고 부쩍 가치가 높아진 금덩이도 사놓는다. 남들 다 산다는 부동산에 투자도 하고 여러 가지 측면에서 신경 쓰고 있다. 그대는 그렇지 않은가. 그렇다. 이것들이야말로 인간의 소소한 삶의 지혜이다. 신의 입장에서 바라보면 참으로 앙증맞고 귀여운 행동이 아닐 수 없다.

기쁨 앞에서 우리도 그처럼 소소한 삶의 지혜를 발휘해야 한다. 즐겁고 행복한 일, 즉 기쁜 일은 잠깐 동안 머무는 아침햇살과도 같다. 지금 당장은 햇살의 따스함에 모든 일들이 다 밝게만 보이고 앞날도 핑크빛으로 보이지만 햇살 뒤에는 반드시 먹구름들이 도사리고 있음을 명심해야 한다.

너무 기쁨에 도취되지 말고 자신이 평소에 하던 대로 성실하게 살아가야 한다. 그렇게 한다고 해서 기쁨이 사라지는 것은 아니다. 오히려 더 큰 기쁨이 찾아올 가능성이 농후해진다. 햇살 뒤에 음험하게 숨어 있는 먹구름을 조심하라. 당신이 방심한 사이에 치한처럼 다가와 삶의 터전을 뒤흔들어 놓을 수도 있다. 돈을 많이 벌게 되었다고 혹은 사회적으로 인정받는다고 자만하지 말자. 잘나간다고 남들을 업신여기지 말자. 기쁨이 도망치지 않게 하려면 모든 일이 술술 풀린다고 나태해지지 않도록 의식적으로 늘 조심해야 한다.

친구가 '솔'이라 말하면
당신은 '라'로 답하라

철수는 안 좋은 일이 생기면 가장 먼저 친구에게 털어놓는다. 그리고 좋은 일이 생겨도 역시 친구에게 알리는 일을 잊지 않는다. 그렇지만 좋지 않은 일이 생기면 그렇게도 다정하고 살갑게 위로해 주던 친구가 좋은 일이 생겨서 전화를 하면 어딘지 모르게 어색한 대답을 하는 것이 참 못마땅하다.

"축하해."

말은 그렇게 하고 있지만 그 건너편에는 약간의 부러움과 시기심이 묻어 있다는 것을 듣는 사람이 알 수 있을 만큼 떨떠름하게 말하는 친구.

"괜히 이야기했나? 차라리 말하지 말았어야 했어. 내가 잘되면 무조건 기뻐해 줄 줄 알았는데."

철수는 그런 생각이 들면서 몹시 서운하다.

"왜 친구가 잘되고 성공하면 마음이 편치 않은지 모르겠어. 왜 나는 나와 비슷한 실력을 가진 친구가 어느 날 예상치 못한 성공을 거두면 난 뭔가 하는 자괴감에 사로잡히고 우울해질까. 그래. 차라리 나보다 월등한 친구가 그런 성공을 거두었다면 사심 없이 박수를 쳐줄 수 있을 텐데……."

동네 입구에 커다란 현수막이 걸렸다. 누구네 아들 사법고시 합격이라는 문구가 빨간색으로 새겨져 있는 현수막을 보노라니 얼마나 인정받고 싶고 칭찬받고 싶었으면 현수막을 걸까라는 생각이 들었다. 아마 그런 현수막을 많이 보았을 것이다. 그만큼 인간은 기쁨을 나누고 싶어 한다. 그리고 오늘의 성과에 대해 자랑하고 싶어 하고 인정받고 싶어 한다. 이것은 인간이라면 누구나 지닌 보편적인 심리이다.

이런 심리를 잘 이해하면 사람들을 친구로 만드는 일이 쉬워진다. 기존의 친구들과의 관계도 더 밀접하게 유지됨은 물론이다. 당신의 친구가 평상시와는 전혀 다른 한층 달구어진 음성으로 기쁨과 관련된 상황에 대해 이야기하거든 친구보다 더 기뻐해 주는 모습을 보여주어라. 친구의 목소리가 '솔'에 있다면 당신의 목소리는 '라' 이상에 두고 축하해 주는 것이다.

"나 합격했어. 너한테 알리고 싶어서."라고 친구가 말하면 당신은 즉시 머뭇거리지 말고 "와! 굉장하다. 친구야. 네가 해낼 줄 알았어. 역시 넌 대단한 애야. 정말 자랑스럽다."라고 말해주어라.

이 말을 하는 데 톤은 매우 중요하다. 하이힐을 신은 함초롬한 숙녀처럼 최대한 높은 곳에서 발성하라. 구름풍선처럼 입을 부풀려서 공기를 가득 채운 후 입꼬리를 격하게 올리면서 말하라. 표정은 최대한 기쁘게 하라. 전화상이라도 그렇게 말하면 그 마음은 다 전달된다. 친구는 당신이 진심으로 자신의 기쁨을 함께 나누어 준다는 사실을 알 수 있다. 아주 둔한 사람일지라도 그것만은 쉽게 느낄 수 있다.

친구가 잘되면 좋으면 좋지 손해될 것은 없지 않은가. 그런데 왜 사람들은 친구가 잘되는 것을 보며 초라하게 느끼는 것일까. 그것은 아마도 이런 심리일 것이다. 자신만 앞으로 나아가지 못하고 성공한 사람들의 부류로부터 소외되는 느낌이 들기 때문이다. 그렇지만 관점을 바꾸어 생각하면 오히려 친구가 엄청난 성공을 이룩하면 내게 더 이로울 수 있다. 조금이라도 더 분발할 수 있게 해주는 촉매제 역할을 해주기 때문이다.

관점을 바꾸어라. 친구의 성공은 나의 실패가 아니다. 친구의 성공은 내 성공의 디딤돌이요, 촉진제이다. 당신에게 자신의 기쁨을 털어놓는 친구는 당신을 소중히 여기는 사람이다. 슬픔을 나누는 것은 아무에게나 할 수 있지만 기쁨을 나누고 싶은 사람은 자신이 잘되면 좋아할 것이라고 믿을 만한 사람에게만 말하는 경향이 있기 때문이다.

'저 사람은 분명히 내게 좋은 일이 생기면 기뻐해 줄 거야.'라는 믿음이 없는 사람에게 자신의 좋은 일을 늘어놓는 사람은 없다. 우리에게 인생의 가장 중대한 성공의 순간이 찾아올 때 가장 사랑하는 사람의 이름을 부르는 것을 보면 좀 더 정확히 이해할 수 있다.

당신에게 찾아와 자신의 성공과 행복에 대해 이야기하는 친구를 사랑스러운 눈길로 바라보라. 그리고 "나도 기뻐. 네가 잘되어서 정말 기뻐."라는 진심을 보여주어라. 친구가 그 기쁨의 향기에 취해 털썩 쓰러질 때까지 과장된 제스처로 그에게 열렬한 축하를 해주어라.

기쁜데 아닌 척하는 것도 병이다

 영화제나 연말에 각종 시상식을 지켜보노라면 겸손해도 너무 겸손한 분들이 많다. 그런 이들의 표정은 늘 일정하다. 아무런 느낌도 없이 사는 무생물처럼 딱딱하게 굳은 표정은 세속을 초월한 도인의 모습과도 흡사하다.
 "나는 아무 욕심도 없소."
 강변하는 듯한 차디찬 걸음걸이는 있던 정마저도 뗄 태세다. 아무리 객관적으로 살펴봐도 상 받을 자격이 충분한데 수상소감을 발표하는 자리에 서서 하염없이 숨죽은 목소리로 더듬거리며 말한다. 마치 소금에 수백 일은 푹 절여진 배추가 마이크 앞에 서서 말하는 것 같은 모습이 사뭇 애달프다.
 "제가 이 상을 받을 자격이 있을지 모르겠습니다. 저같이 부족한 사람에게는 너무 과분한 상이네요."
 끝까지 기쁨을 절제한 채 덤덤한 모습으로 단상을 내려가는 모습이 많이 눈에 띈다. 그것을 본 시청자와 관객의 반응은 어떠할까.

"참 겸손한 사람이구나."

처음에는 그렇게 감탄할지 모르지만 그런 모습이 반복되면 식상해진다.

"정말 저 사람 상 받을 자격이 없는 거 아닐까. 왜 저렇게 굽실거리는 거야. 의심스럽네. 설마 심사위원들과 모종의 거래가 있었던 것은 아니겠지. 설마."

이 지경에 이르면 차라리 수상소감을 안 한 것만 못하지 않은가. 우리들도 이러한 경우가 많다. 열심히 수고하고 노력해서 얻은 성과에 대해 인정을 받을 때 자신이 느끼는 기쁨을 표현하지 않고 숨기느라 진땀을 뻘뻘 흘리는 사람들이 의외로 많다.

기쁜데 아닌 척하는 것도 병이다. 왜 기쁜데 안 그런 척해야 하는가. 당신은 기쁨을 누릴 충분한 자격이 있는 사람이다. 이제부터는 기쁜 일이 생기면 마음껏 기뻐하면서 살도록 하라.

겸손한 것도 한계가 있는 법이다. 지나친 겸손은 다른 사람에게 불쾌감을 불러일으킬 수 있고 오해의 소지가 생길 수 있다는 사실을 기억하길 바란다. 특히 기쁨에 관해서는 굳이 겸손할 필요가 없다. 그것은 자칫 자신의 자존감을 낮추는 지름길이 될 수 있기 때문이다. 당신의 기쁨은 당신이 고생하며 이루어 낸 노력의 산물이다. 이 기쁨의 순간을 맞이하기 위해 얼마나 노력했는가.

남들 다 잘 때 새벽녘까지 잠 못 이루고 남들 좋은 옷 입고, 호사스럽게 살 때 그 흔한 옷 한 벌 제대로 된 거 못 사 입고, 남들 다 해외

여행을 갈 때 여행은커녕 동네 한 바퀴 산책할 시간도 없이 부지런하게 고군분투하여 얻어낸 것이 기쁨이다.

당신에게 기쁨은 인생의 어엿한 발자취이며 과거와 현재와 미래를 온전하게 이어줄 긍정의 매개체다. 어제의 기쁨이 오늘의 기쁨이 되고 오늘의 기쁨이 내일의 기쁨이 된다. 그러므로 기쁨을 누릴 줄 아는 사람에게는 매일매일이 기쁜 날이 될 것이다.

기쁨을 앞에 두고 망설이지 마라. 부끄러워하지도 말고 자신의 능력에 의심을 품지도 말고 있는 그대로의 기쁨을 즐겨라. 당신은 그럴 자격이 충분한 사람이니까.

짧지만 강렬한 감동,
기쁨을 즐겨라

햇볕이 쨍쨍 내리쬐는 화창한 날이었는데 순식간에 하늘이 어두컴컴해지는 듯싶더니 소나기가 내리붓고 천둥번개가 치기 시작한다. 지독한 장마철의 전형적인 행태이다.

엊그제도 약속이 있어서 읍내에 나갔다가 소나기로 인해 옷이 다 젖어서 난처했다. 온몸이 물에 흠뻑 젖은 여인네의 모습이란 실로 난감하다.

"생쥐가 비에 젖으면 애처로워서 동정심이라도 일으킬 텐데."

어쨌든 예기치 않은 소나기를 반기는 사람은 그리 많지 않을 것이다.

우르릉 쿵쾅! 쏴아~

온 세상이 눈 깜짝할 사이에 어둠 속에 갇혀 비명을 지를 새도 없다.

"이러다 벼락에 맞아 비명횡사하지 않을까?"

그럴 때 겁이 많은 사람은 혹시라도 하는 걱정을 하기도 한다. 전혀 안 그럴 것 같은 어른들도 그런 걱정으로 외출을 삼가고 빗줄기가 그치고 천둥과 벼락이 멈추기를 조신하게 기다린다. 그런 어른들 속에 나도 끼어 있음을 고백한다.

"그래. 벼락의 번뜩이는 섬광은 나뿐만 아니라 사람들을 놀라게 하기에 충분해."

잠시 후 또 언제 그렇게 소나기가 내렸냐는 듯 태양이 이글이글 타오르기 시작한다.

"이건 마치 매일 하루가 멀다 하고 바가지를 긁던 부인이 어느 날 갑자기 아무 일도 없다는 듯 애교스럽게 웃으면서 푸짐한 밥상을 차려오는 것과 같네. 매일 술만 먹고 가정에 소홀하던 못된 남편이 갑자기 꽃다발을 사 들고 일찍 집에 들어서는 것처럼 생뚱맞기는……."

인생도 그러한 경우가 많다. 좋은 일이 생기는가 싶어서 방심하고 있는 사이에 나쁜 일이 슬금슬금 우리의 삶에 파고들어 오고 나쁜 일만 생기는 불쌍한 팔자려니 하고 한탄하고 있는데 기쁜 일이 넌지시 담장을 넘어오는 경우가 있다. 그렇게 어렵게 만나는 기쁨의 순간은 감격스러운 시간임이 틀림없다. 언제 또 슬픔과 고통의 순간이 찾아올지 모르기 때문이다.

미래를 알 수 없는 인간의 입장에서 기쁨을 만나는 순간은 감동의 순간이다. 행복한 마음과 자신에 대한 자부심과 세상에 대한 넉넉한 배려의 마음이 저절로 생기는 것이 그런 기쁨의 순간인 것이다.

올림픽에서 금메달을 딴 선수들은 짧지만 강렬한 감동을 제대로 느껴볼 것이다. 물론 국민들도 마찬가지지만 그들의 기쁨에 비견할 수는 없다. 오랜 세월 동안 고된 운동을 하고 그로 인해 희열을 느끼기도 하였겠지만 더 자주 좌절의 쓴맛을 보았던 그들이기에 금메달을 목에 걸고 태극기를 바라보는 순간 울컥해지지 않고서는 참을 수가 없는 것이다.

애국가가 울려 퍼지는 동안 선수의 머릿속에는 그동안 겪었던 모든 일들이 선명한 모습으로 펼쳐져 보일 것이다. 두 눈을 꼭 감고 입술을 굳게 다물고 있는 선수의 얼굴에서 그런 회한을 읽어볼 수 있다. 그리고 그 기쁨의 순간은 말하지 않아도 평생 갈 것임을 우리들은 알 수 있다.

"축하합니다. 소감 한마디 해주시죠?"

"……"

"지금의 심정이 어떠신가요?"

"……"

할 말은 너무나 많은데 그 순간 머릿속이 하얗게 변해버려서 한 마디도 꺼낼 수가 없다. 기쁨이 절정에 다다랐기 때문이다. 인간에게 감동을 주는 기쁨의 정체성에 대해서 우리는 고찰해야 할 시점에 이르렀다.

기쁨이란 무엇인지? 왜 우리가 기쁨을 만나면 그렇게 편안하고 행복하고 모든 시름을 잊을 수 있는 것인지? 그대는 알고 있는가. 그것은 바로 기쁨이 감정세계에서 가장 아름다운 미모를 갖춘 미녀인 동시에 아름다운 마음씨를 지니고 있는 존재이기 때문이다.

사람들의 마음에 난 썩어가는 상처들을 손수 어루만져 주고 위로해 주며 장래의 일들에 대한 기대를 지니게 만들어 주는 고유의 힘을 지니고 있는 존재가 기쁨이다. 기쁨은 존재한다는 것만으로도 우리들에게 크나큰 위로를 주고 다시 만날 수 있다는 생각으로 오늘의 고단한 삶을 버텨갈 수 있는 의지처가 된다.

  고난을 딛고 일어선 모든 사람들의 가슴에 짧지만 강렬한 감동을 안겨준 기쁨이 가득 들어차 있다는 사실을 아는가. 아파하기 쉽고 상처받기 더 쉽고 그래서 자칫 슬픔의 유혹에 빠지기 편한 세상이지만 그래도 기쁨의 존재를 의식하면서 행복의 문을 열어라. 수많은 기쁨들이 당신의 가슴에 도달할 수 있을 것이다. 이것 역시 잠시 머물다 사라질지 모르지만 우리에게 내일의 희망이 소생할 가능성을 부여해 주는 고마운 존재인 것이다.

먼 훗날 이 시간이 그리워지리라

아련한 기억 속에서 어린 정미(나)가 상장을 받고 있다. 귀여운 단발머리에 주근깨가 있는 소녀. 유난히 가녀린 팔과 다리. 널따란 운동장 가득 고만고만한 아이들이 줄을 서 있는 가운데에서 호명된 정미는 교장선생님으로부터 상장을 받아 들며 기뻐하고 있다.

아이들이 박수를 쳐준다. 우레와 같은 박수소리에 부끄러워진 정미가 후다닥 제자리로 뛰어간다. 그 상장은 학교대표로 전국 주산대회에 나가 가감산 부문 전체 1위를 해서 받은 것이다. 지금까지도 그날의 기쁨을 이야기하듯 상장이 남아 있다. 가끔씩 상장들을 꺼내보며 지그시 회상에 잠긴다.

지금 시대에 들으면 웃음이 나올 만한 반공표어를 지어서 받은 상, 어설픈 그림실력으로 받은 상, 조금 열심히 공부해서 받았을 것 같은 학력우수상, 근면의 표상 개근상 등. 여러 장의 상장들은 저마다의 이야기를 간직한 채 빛바랜 겉모습과는 달리 여전히 생생하게 살아 있다.

　그 기쁨의 시간이 이토록 사무치게 그리워지는 것은 바로 그 시절에는 내가 어머니와 함께 살았기 때문이다. 얼마 전 하늘나라로 떠나신 어머니, 뼈가 시리도록 그리운 어머니, 밥을 먹다가도 울컥 눈물이 나게 만드는 어머니…… 영원한 이별이 이렇게 슬픈 것인 줄 이제야 알게 된 내가 참 가엾다.

　그 기쁨의 시간 동안 더 많이 기뻐하지 못한 것이 후회스럽다. 어머니와 함께하던 그 소소한 순간순간이 상장을 받던 그 순간보다 더 기쁘고 행복한 시간이었다는 사실을 이제야 깨닫게 된 것도 참 아쉽고 슬픈 일이다. 다시 그 시간 속으로 되돌아갈 수 있다면 얼마나 좋겠는가. 하지만 흘러간 시간은 결코 되돌릴 수 없음을 우리는 안다.

　당신은 어떤 기쁨의 시간을 지금 보내고 있는가. 대단한 성공을 이루어 낸 것도 기쁨이지만 일상의 작은 일들이 어쩌면 가장 커다란 기쁨이고 축복일 수도 있다는 사실을 우리는 이해해야 한다. 그래서 매 순간 삶의 아름다움에 도취되어야 하고 만나는 사람 각각에게서 그들만의 인간적 향기를 맡을 수 있어야 한다. 그렇게 사는 것이 훗날 삶을 되돌아보면서 가슴 아파하지 않을 수 있는 유일한 방법임을 기억하라.

　자기계발서를 출간한 출판사 사장님과 계약을 하기 위해 만났을 때의 일이다. 계약서 작성을 하기 전에 식사를 하는 도중 이런저런 이야기를 나누다가 이런 말씀을 하시는 것이었다.

　"어떻게 그런 글들을 쓸 수 있는지 모르겠네요. 그렇게 많이 인생의 풍파를 겪은 것 같지는 않은데 깊이 있는 글들을 쓴 걸 보면 믿어지지가 않습니다."

사장님이 보시기에 내 외면이 글들과 일치가 되지 않았을 것이다. 글을 쓸 때의 나와 평상시의 나는 조금 다르다. 글을 쓸 때는 한없이 깊은 사색을 하면서 쓰고 모든 것을 다 이해하고 삶의 가장 깊은 상처를 들여다보고 어루만져 줄 수 있는 대단한 사람이 되지만 글을 쓰지 않는 평상시의 나는 어린 소녀처럼 철없기 때문이다.

내가 철이 없다는 것은 이러하다. 아직도 소녀처럼 별을 바라보면 심장이 두근거리며 벅차오른다. 예쁜 옷을 사 입으면 너무나 즐겁다. 매일 공주처럼 거울을 들여다보면서 즐거워한다. 삐지기도 잘하며 십 대들처럼 최신가요에 열광한다. 몸은 사십 대에 들어섰지만 영혼은 아직도 십 대의 순수한 모습 그대로를 간직하고 있다고 여긴다.

나는 순수함을 사랑하고 그렇게 되기를 갈망한다. 그렇지만 내면에는 슬픔이 많이 있는 나이다. 그런 슬픔들이 모여서 글이 되고 책이 되는 것이다. 왜 슬픔이 많은 걸까. 바로 기쁨의 순간들을 그리워하는 까닭이다. 돌이킬 수 없는 시간들의 뒷모습을 바라보면서 참 그 시절이 좋았다는 것을 깨닫는 일은 서글프지 않은가.

그대들에게는 그런 슬픔이 없어야 할 것이다. 그러기 위해서 이제부터라도 일 초 일 분의 시간도 소중하고 행복한 시간이라는 것을 명심하고 기쁨을 영위해 나가도록 하라. 먼 훗날 이 시간들이 사무치게 그리워지게 될 것이므로 허투루 시간을 낭비하지 말기 바란다.

조그만 것들이 모여 큰 것을 이룬다. 작은 기쁨이 모여 큰 기쁨이 된다는 사실은 오래오래 변하지 않을 진리다.

진정한 기쁨 속이는
쾌락에게 내리는 '경계주의보'

쾌락은 기쁘고 즐거운 마음이다. 즉 기쁨이란 말과 일맥상통한다. 살아 있는 모든 생명체는 쾌락을 얻기 위해 살아간다고 해도 지나친 말이 아닐 듯싶다. 하찮아 보이는 미생물도 생명을 유지하기 위한 욕구충족을 위해 존재하고 있다. 만물의 영장인 인간도 자신의 쾌락을 위해 살아가고 있지 않은가.

모든 생명체가 달려가는 곳에는 결국 쾌락이 있다. 그렇지만 쾌락은 가끔 우리를 속인다. 궁극적으로 바라보면 진정한 기쁨이나 즐거움이 될 수 없는 것들이 중추신경을 자극하거나 잠깐의 황홀감에 취하게 만들어 인간을 현혹시키는 것이다.

호랑이에게 물려 가도 정신만 차리면 산다지만 왜곡된 쾌락의 이빨에 물리면 좀처럼 헤어 나오기 어렵다. 그것은 처음에는 매우 친절하고 자상하게 다가온다. 심신을 안정시키며 강력한 카타르시스를 느끼게 하고 마치 우주를 붕 떠다니는 것 같은 기쁨을 주는 신통

한 재주가 있다. 그래서 사람들은 그것을 만나게 되면 이성을 잃게 되고 더 나아가서는 가정도 버리고 하던 일도 그만두고 미친 듯이 몰두하게 되는 것이다. 그렇다면 왜곡된 쾌락에는 무엇이 있을까.

내가 아는 한 사람은 지역사회에서 이름만 대면 다 알아주는 유력 인사였다. 그는 남들에게 드러내지 않고 어려운 이웃을 위해 봉사활동을 하고 나무랄 데 없는 건실한 삶을 살아가고 있었다.

그러던 그가 어느 날부터인가 퀭한 눈을 한 채 자신이 운영하는 사업체에도 잘 나가지 않고 어디론가 꼬박꼬박 출근을 하기 시작했다. 어렴풋이 들려오는 소문에 그가 경마장을 다니면서 돈을 탕진하고 있다는 믿기지 않는 정보가 묻어 있었다. 하지만 그 소문을 믿는 사람은 많지 않았다. 이제껏 워낙 평판이 좋은 사람이었기 때문이다. 하지만 이상하게도 갈수록 그의 두 눈은 깊이 꺼져가고 있었다. 얼굴은 광대뼈가 안쓰러워 보일 정도로 적나라하게 드러나고 옷은 신경을 쓰지 않는지 늘 그 옷 그대로였다.

좋지 않은 소문은 결국 소문이 아닌 사실이 되었다. 그는 정말 경마에 빠져서 전 재산을 날리게 되었을 뿐만 아니라 어마어마한 빚까지 지게 된 것이었다. 그는 도박이라는 쾌락에 빠져 있었던 것이다. 어느 날 그는 홀연히 자취를 감추었다.

순식간에 한 사람의 인생을 수렁으로 끌고 들어간 도박이란 녀석은 왜곡된 쾌락의 특징을 우리들에게 잘 보여주고 있다. 도박을 하면 흥분하기 쉽다. 그리고 뭔가 짜릿한 느낌이 지속적으로 밀려온다. 그것을 행복하다고 느끼는 사람에게 도박은 슬슬 검은 손길을 뻗어올 것이다.

  처음에는 멋모르고 작은 액수의 돈을 걸지만 거기서 돈을 딸 확률은 적다. 그러면 그럴수록 점점 더 큰 액수의 돈을 걸고 싶어진다. 왜냐하면 잃어버린 손실을 만회할 수 있을 것만 같기 때문이다. 그러다가 운이 맞아 떨어져서 돈을 따게 되면 상황은 더 심각하게 발전하게 된다. 이제 돈맛을 알게 된 사람은 더 큰 돈을 걸어서 더 큰 돈을 딸 수 있다는 환상에 사로잡히게 되는 것이다. 그래서 집을 팔고 땅을 팔고 심지어 자신의 장기도 팔고 모든 것을 다 팔아치우고 만다. 도박에 열정을 불사르다가 마침내 자기 자신도 활활 불태우게 되고 마는 것이다.

  그런 사람의 말로는 처참하다 못해 불쌍하다.

  "이번에만 빌려줘. 한 번만 더 해보면 딸 것 같단 말이야."

  "꼭 갚아줄게. 날 믿고 돈 좀 꿔줘. 6번 마가 지금 컨디션이 최고야. 이번에는 확실하다니까."

  도대체 뭘 믿고 돈을 꿔달라는 건지 참 염치도 좋은 그들이다. 도박에 빠진 사람의 말은 결코 믿음이 가질 않는다. 만일 그가 매우 성실한 사람이었다면 주위 사람들은 속절없이 변해가는 모습에 당황하지 않을 수 없다.

  아내가 집을 떠나고, 직장에서 해고되고, 집도 없어지고, 결국 길거리를 떠도는 방랑자의 삶을 살고 싶지 않다면 왜곡된 쾌락의 대표주자 도박을 경계하라. 당신이 무심결에 집어든 화투장 하나, 카드 한 장이 인생을 망칠 수 있다는 사실을 명심해야 할 것이다.

미소, 신이 내린
그 아름다운 선물

감정에 대한 배려에 대해 글을 쓰는 현재의 상황이 내게는 참 견디기 어려울 수도 있는 나이다. 나는 그대들에게 이러저러하게 감정을 배려하고 살아가라고 조언하기에는 아직 턱없이 부족한 사람이다. 하지만 이 글을 쓰는 것은 사사로운 이익을 위해서가 아니라 나보다 더 고통받고 힘겨워하는 이들을 위해 지혜를 나누어 주는 숭고한 일이기에 멈출 수가 없다. 보통 사람 같으면 과연 이 상태에서 이런 글들을 써 내려갈 수 있을까 스스로도 의구심이 들 정도로 매일매일이 참 괴롭다.

그렇지만 신기하게도 글을 쓰기 위해 컴퓨터 앞에 앉으면 어디서 힘이 나는지 모르게 불끈 힘이 솟아나고 수많은 글감들이 몽실몽실 떠오른다.

"인간적으로 보면 나는 참 가여운 처지일 수도 있는 사람이야. 근데, 어떻게 해서 이렇게 신기한 능력이 생긴 것일까."

그것은 글을 쓸 때 순전히 나 혼자의 지혜와 깨달음으로 쓰는 것이 아니라 우주의 위대한 존재가 내 곁에서 가르침을 주고 이끌어 주기 때문이다. 그렇지 않다면 도저히 해낼 수가 없는 일이다.

나는 벼랑 끝에 선 것과 다름없는 인생의 고난 앞에서 용기를 잃지 않고 다른 누군가를 위하여 위로의 글들을 써 내려갈 수 있다는 사실이 경이롭다.

"나를 이렇게 단단하게 야무지게 버티게 하는 힘은 무엇일까. 그것은 바로 당신을 위해 이 글을 써야 한다는 사명감이 있기 때문이야. 아무리 힘들어도 털고 일어나 내가 지닌 재능을 발휘하여 좋은 글을 많이 써서 인생의 짐을 지고 힘겹게 걸어가는 모든 이들에게 따뜻한 위로를 주고 싶다는 열망이 있기 때문이지."

그래서 나는 나에게 감사하다. 그리고 오늘도 미소 지을 수 있다. 함박웃음보다 사람의 마음을 포근하게 만들어 주는 것이 미소다. 미소 짓는 얼굴을 바라보면 얼마나 평화로운가. 그 평화로움에 온갖 시름이 다 녹아버릴 것만 같다.

이 세계를 창조한 위대한 존재가 있다. 우리는 그를 신이라고 부른다. 신께서 당신에게 선물한 최고의 선물이 무엇인지 눈치챘는가. 그렇다. 미소다. 당신의 부드러운 미소는 온갖 타락하고 더러운 것들을 정화시키고 저승사자처럼 몰려드는 역경들을 퇴치시킬 수 있는 대단한 힘을 지니고 있다.

동물들도 심지어 웃는다. 그들에게는 인간처럼 미세한 표정을 드러낼 수 있는 신경조직이 없지만 행복하고 즐거운 기분이 들면 웃음을 짓는다고 한다. 서로 싸우고 사이가 안 좋은 강아지들에게 동족의 웃음소리를 들려주면 싸움을 멈추고 꼬리를 치고 행복에 젖어 든다.

동물만 그러할까. 아니다. 곁에서 친구들이 행복하게 웃으면 우리의 기분도 덩달아 좋아진다. 나라에 좋은 일이 생기면 국민들의 얼굴이 환하게 펴진다. 이것이 웃음의 치명적인 매력이 아니겠는가. 급격한 전염성과 전혀 부작용이 없는 스트레스 해소 약.

힘들어도 미소 짓자. 모든 걸 포기하고 싶어도 미소 짓자. 그리고 정말 힘든 일이 생긴다면 스스로를 이렇게 다독여라.

"세상은 참 아름다운 곳이야. 나의 능력을 필요로 하고 나란 존재를 필요로 하는 사람이 많아. 그러니 웃자. 아무리 힘들어도 난 웃을 수 있어."

미소의 힘이 우리를 지켜줄 것이다. 비탄에 빠질 때에도 고통에 허덕일 때에도 슬픔에 목 놓아 울 때에도 미소만 있다면 당신은 이겨낼 수 있다. 미소는 여유로움이고 자신에 대한 믿음이다. 무엇이든 해낼 수 있다는 자신감이 있어야만 미소 지을 수 있기 때문이다.

신께서 우리를 위기로부터 구해주기 전에 우리가 자기 자신을 구해낼 수 있는 이유도 미소가 있기 때문이다. 미소 짓는 당신이 얼마나 아름다운지 바라보라. 그 표정 속에 인생을 기쁘게 살아갈 비법이 새겨져 있을 것이다.

기쁘게 생각해야
기쁨의 창고가 생긴다

제아무리 긍정적인 사람이라도 결코 단 한 번도 좌절하지 않고 살아가는 사람은 없다. 우리는 무수한 실패와 부정적인 일들과 사람들과 대면하면서 살아가야만 하는 운명을 지니고 태어났다. 피하고 싶지만 피할 수 없는 숙명처럼 삶은 우리에게 찾아왔다. 늘 웃고 살고 싶고 기분 좋게 살고 싶은 우리의 바람과는 달리 세상일은 꼬여가기 일쑤다.

안 좋은 기억들은 스토커처럼 우리 곁을 맴돌면서 어떻게 하면 의기소침하게 만들고 침울하게 만들까를 궁리한다. 또 기분 나쁜 사람들은 더 자주 눈에 띄면서 우리를 불쾌하게 만든다. 하지만 그 기분 나쁜 사람 또한 우리의 마음속이 만들어 낸 허상일 뿐이다. 즉 우리의 생각이 만들어 낸 허구의 사람들이다. 그가 기분 나쁜 사람이 아니라 우리의 생각이 그 사람이 기분 나쁘다고 낙인찍은 것이다.

마음이 연약한 사람일수록 부정적인 생각에 농락당하기 쉽다. 착하고 고운 심성을 지닌 사람일수록 더 많이 상처받고 더 많이 이용당하고 더 많이 손해 보게 되어 있다. 영악하고 탐욕스럽고 교활한 사람들이 세상의 부와 명예를 거머쥐고 떵떵거리고 사는 경우가 많은 것도 이 때문이다. 자신보다는 타인을 위하고 아끼는 사람들은 스스로를 위해 쓰는 시간과 돈보다는 다른 사람들을 도와주는 데 시간과 돈을 더 많이 쓴다. 그래서 그들은 가난할 수밖에 없다. 어쩌면 당연한 일이다.

기철이는 자신의 안일만을 위해 살아가는 사람이다. 그래서 그런지 늘 불안하고 초조하다.

"어떻게 하면 더 많은 것들을 나를 위해 긁어모아 쌓아둘까?"

기철이는 그렇게 생각하고 모은 것들을 악착같이 지키기 위해 친구들과도 소원하게 지낸다. 그러면서 아이러니하게도 친구들을 원망한다.

"친구들이 변했어. 나만 보면 돈 이야기만 하고."

그때 친구들 중 하나가 기철이에게 똑 부러지게 말한다.

"친구들이 변한 것이 아니라 자신이 변한 것인데 혼자만 모르고 있는 거야. 너는 너 자신이 돈에 연연하면서 친구들과 벽을 쌓고 있거든. 그리고 늘 누군가가 자신의 재산을 노리고 있다는 불안감에 사로잡혀 있어. 그러하니 친구들이 모두 돈을 노리고 덤벼드는 배고픈 승냥이처럼 보일 수밖에. 너는 그 때문에 기쁜 일 앞에서도 완벽하게 기쁠 수 없어."

지독한 이기주의자들이 고립된 상황에 처하는 것은 시간문제다.

항상 주위를 의식하고 경계하고 가진 것들을 움켜쥐고 있느라 일상의 살가운 기쁨을 만끽하지 못하고 일생을 살아가고 만다. 그들에게는 친구도 연인도 부모도 자식도 모두 자신의 것을 축내는 쌀벌레 정도로 여겨지기 때문이다.

마음이 여리고 착한 당신은 가진 것들을 어떻게 하면 어려운 처지에 있는 사람들을 위해 나눠줄까를 염려하기 때문에 평화로운 것이다. 슬픈 일이 생기리라고 예상하거나 고통스러운 일들이 벌어질 것을 걱정하지 않고 기쁜 일, 행복한 일이 생길 것을 즐겁게 생각하기 때문에 그런 일들이 부쩍 많이 생길 것이다. 왜냐하면 기쁜 일을 생각하면 기쁜 일이 생기는 것이 우주의 법칙이기 때문이다.

우주의 법칙이란 우주의 진리다. 이 확고한 진리가 진실이라는 것을 증명할 수 있는 것은 역시 인간의 생각에 있다. 생각한다는 것의 중요성에 대해 확실히 이해하고 살아가라. 기쁜 일을 생각하고 행복한 일들을 생각하고 꿈의 실현을 생각하고 건강한 자신의 모습을 생각하노라면 인생이 술술 풀리게 되어 있다.

두루마리 화장지가 잘 풀리지 않고 중간에 끊어지면 무언가 콱 막힌 답답함이 느껴진다. 인생의 모든 일들이 잘 풀린다는 것은 답답함 대신 삶의 모든 면에서 시원하게 통풍이 되는 것을 뜻한다. 바람이 통하듯이 타인과의 소통에서부터 자아와의 소통, 자연과의 소통, 세계와의 소통, 우주와의 소통, 우주의 위대한 존재와 소통하는 것을 뜻하는 것이다.

기쁘게 살고 싶은가. 걱정 없이 살고 싶은가. 기쁜 일이 일어날 것이라고 생각하라. 그러면 지금은 비록 힘든 처지에 있더라도 반드시 기쁜 일이 생겨날 것이다. 당신의 생각이 기쁨을 생성시키는 위대한 능력을 지니고 있는 까닭이다.

기쁨을 마음의 은행에
저축하라

요즘 금리가 말이 아니다. 10여 년 전만 해도 10%가 넘던 금리가 이제는 5% 아래에서 방황하고 있으니 말이다. 금리가 조금이라도 높은 곳이 있다면 그 은행에 시중에 있던 돈들이 몰린다. 성실하게 저축을 하는 사람들에게 금리인상이나 인하소식은 귀를 기울이게 만드는 일이다. 물론 대출을 받은 사람들에게는 금리인상이 청천벽력과 같은 뉴스일 것이다. 극과 극의 반응을 이끌어 내는 금리의 거취문제는 언제나 우리들의 관심을 받는다.

그대는 처음으로 자신의 통장을 가질 때를 기억하는가. 그때 당신의 이름이 또렷이 적혀 있는 통장을 받아 들고 한참 감동에 젖어서 바라보았을 것이다. 그 기분이란 성인이 되어 주민등록증을 새로 발급받을 때와 비슷하다. 이는 통장, 그것이 단순한 종이가 아니라 미래의 희망이 싹틀 소중한 보물창고가 될 것이라는 것을 암묵적으로 알고 있기 때문이 아니겠는가.

번호표를 받아 들고 의자에서 대기하다가 자신의 번호가 호명되어 창구 앞으로 걸어가면서 무슨 생각을 하는가. 저금을 할 목적으로 열심히 모은 돈을 가지고 온 사람은 뭔가 당당하고 즐거운 걸음걸이지만 목돈을 써야 할 피치 못할 사정이 생겨서 애써 모은 적금을 해약하거나 그동안 모은 돈을 찾을 생각으로 온 사람은 어딘지 모르게 기운이 없어 보인다. 그러나 돈을 수억 원 저금하는 일보다 더 중요한 일이 있다는 사실을 아직도 많은 사람들이 모르고 있다는 것은 안타까운 일이다.

돈은 언제 어느 곳으로 홀연히 사라질지 모르는 덧없는 물질이다. 그러나 이것을 저축하게 되면 당신에게는 무한한 에너지가 공급될 것이다. 무엇인가. 그것은 기쁨을 마음은행에 저금하는 일이다. 기쁨을 저축하면 이자에 이자가 붙어서 처음 저축했던 양보다 몇 배의 보상을 받을 수 있다. 복리에 복리 그 복리에 또 복리이자가 붙는 이것. 원금이 손실될 염려는 전혀 없고 대신 저금을 한 사람에게 양질의 삶을 확실하게 보장한다.

양질의 삶이란 마음이 평화로운 삶이다. 인생의 참된 가치를 알게 되고 모든 역경에 의젓하게 대처할 수 있는 삶이다. 그런 삶을 살게 해주는 기쁨통장을 지금 당신은 가지고 있는가. 나는 도장을 가지고 주민등록증을 챙겨서 창구에 가서 말한다.

"통장을 만들고 싶어서요. 이자 높은 것으로 해주세요."

은행직원은 친절하게 대답한다.

"이 통장은 우리 은행에서 최고의 이율을 보장해 드립니다."

이제는 즐거운 일, 기분 좋았던 일, 자랑스러웠던 일, 행복한 느낌 등을 가지고 마음은행에 찾아가 이렇게 말하자.

"마음아, 기쁨을 가지고 왔는데 받아줄래. 난 오늘 이렇게 좋은 일들을 경험했어. 오래오래 두고 보관하고 싶어."

마음은 상냥하게 웃으면서 대답할 것이다.

"어서 와. 기다리고 있었어. 이렇게 좋은 일들이 많이 생겼다니 나도 정말 기쁘구나. 내가 오래오래 보관해 줄게. 그리고 거기에 이런 이자들을 더해줄게. 네 영혼을 어루만져 줄 사랑, 폭풍우 속에서도 쓰러지지 않을 자존심, 벌거벗고 거리를 헤매게 되더라도 좌절하지 않을 희망, 벼랑 끝에 서도 포기하지 않고 앞으로 나아갈 수 있는 용기를 줄게. 그리고 네 꿈이 이루어지게 해줄 최고의 친구 긍정을 줄게."

오늘은 어떤 기쁜 일이 생겼는가. 어서 그것들을 가지고 마음은행의 문을 두드려라. 당신의 기쁨이 2배, 3배 늘어나고 인생을 풍요롭게 할 이자들이 끊임없이 입금될 것이다.

제2부

절망하거나 공포에
휩싸여도 두려워하지 않기

1.
🌿 절망 다스리기 🌿

지금 발아래에는 깎아지른 듯한 무시무시한 절벽이 있다. 나는 밑을 내려다보기도 아찔한 높이의 벼랑 위에 서서 일생일대의 위급한 상황에 처해 있다. 그 어느 곳으로도 도망칠 수도 없다. 만일 도망친다면 잘 훈련된 사나운 사냥개가 으르렁거리며 쫓아오고 그 뒤를 절망이라는 후각이 예민한 사냥꾼이 함께 다가올 것이다.

그대로 뛰어내리자니 죽음이 두렵고, 그대로 있다가는 사냥개의 날카로운 이빨에 물려 피를 흘리며 잡히고 말 것이다. 앞을 바라봐도 옆을 바라봐도 뒤를 바라봐도 온통 암흑이다. 어디로 피할 수 있을까.

용기 있는 사람은 절망이라는 사냥꾼에게 등을 돌리고 도망치지 않는다. 비겁한 몇몇의 사람만이 삶을 탓하고 운명을 저주하면서 절벽 아래로 자진해서 떨어져 내리거나 사냥개에게 맥없이 물리고 만다.

우리는 이제 절망을 바로 알고 대처할 수 있는 순금의 지혜를 가져야 할 것이다. 절망도 당신의 마음속 감정의 일부이며 언제든지 소멸시킬 수 있는 찰나의 존재이다. 그것에 휩쓸려 더 이상 인생이란 아름다운 시간을 헛되이 보내지 말아야 한다.

공작새처럼 총명한 깃털을 펼치며 우아하게 절망을 배려하자. 머지않아 그가 우리 곁에서 쓸쓸히 떠나가게 될 그날이 온다는 것은 반드시 믿어도 좋다.

절망의 시작=희망의 시작

인생이란 미로에 갇힌 한 아이가 소리친다.

"여긴 왜 이렇게 깜깜한 거죠? 도대체 여기가 어딘가요? 도와주세요!"

아무도 대답하지 않는다. 아이가 갇힌 곳은 절망이라는 구역이다. 인간에게 반드시 부여된 이 구역의 위치에 대해 정확히 아는 사람은 아무도 없다. 언제 어디에 있을지 그 누구도 쉽게 예측할 수가 없는 곳이기 때문이다. 그 구역을 통과하는 것은 순전히 자기의 능력 여하에 달려 있다. 누가 달려와 꺼내줄 수도 없고 대신 그 구역을 통과해 주기도 불가능하다.

우리들은 몇 번 혹은 수십 번 더 많게는 수천 번 그런 절망의 구간에 갇힌 채 "악" 하고 비명을 내지르고 신음한다. 혹시라도 누가 도와줄까 은연중에 기대해 보지만 그건 부질없는 헛된 기대일 뿐이다.

자신의 손으로 빛을 차단하고 있는 절망의 두꺼운 장막을 걷고 빠져나와야만 한다는 것은 인간세상에서 공공연히 알고 있는 사실이다. 친구도 엄마도 아빠도 애인도 결코 구세주가 될 수 없다. 절망의 터널에서 빠져나오는 데는 어떤 사람은 단 몇 초가 걸리기도 하고 어떤 사람은 평생이 걸리기도 한다. 그리고 어떤 사람은 그 터널에 영원히 갇힌 채 숨을 멈추고 만다.

인간은 절망으로 인해 죽을 수도 있다고 극단적으로 말한다고 해도 하나도 이상할 것이 없을 만큼 그것의 폐해는 크다. 그렇다면 우리는 어떤 처지에 있을 때 절망과 대면하게 되는 것일까. 그때는 바로 모든 게 끝났다고 여겨질 때이다. 이리저리 둘러봐도 도대체 살맛 나는 것이 눈곱만큼도 없다. 살고 싶은 의욕을 불러일으킬 만한 그럴듯한 사건도 없고 그런 사람도 없다. 그런 와중에 스스로에 대해 실망과 배신감을 느낀다.

"이것밖에 안 되니? 기껏 해봐야 이 정도였어. 넌 살 자격이 없는 존재야."

이렇게 지독할 정도로 자신을 비하하면서 자학한다. 그리고 절망에게 서서히 잠식당한다.

훈이는 나와 같은 동네에서 태어난 고향친구이다. 성별이 다른 친구여서 살갑게 어울려 다니거나 같이 고무줄놀이를 하거나 집에 찾아가 시간을 보낸 적은 없었지만 그 친구의 이름은 알고 있는 그런 친구였다.

얼마 전 다른 친구로부터 그 친구의 근황을 들었다. 훈이네는 일찌감치 수도권으로 이사를 갔다. 그리고 명석한 두뇌로 일류대를 나왔고 당연한 수순처럼 우리나라에서 가장 순이익을 많이 낸다는 이름만 들어도 전 국민이 알 대기업에 입사했다. 그리고 마치 성능 좋은 엘리베이터를 탄 듯 초고속으로 승진했다.

훈이는 상사와 부하직원들과의 인간관계에 있어서도 전혀 나무랄 데 없이 처신했고 실적도 남들보다 월등히 뛰어났다. 사람 좋고 능력 있는 그가 성공하는 것은 당연한 수순인 듯싶었다.

그에게 불행의 그림자는 순진한 물고기 앞에 도사리고 있는 죽음의 그물처럼 시나브로 드리워져 왔다. 대학 때 친하게 지내던 동기가 자신이 하는 사업을 같이 하자고 제안을 했던 것이다. 인간관계를 중요시하고 사람 좋은 친구는 차마 그 제안을 뿌리치지 못하고 다니던 직장에 사표를 내고 동기와 동업을 했다. 부인은 결사반대한다면서 식음을 전폐하고 주위의 친구들이 모두 말렸지만 이미 늦었다. 사람들은 이구동성으로 그에게 말했다.

"아니, 왜 그 좋은 직장을 그만둔 거야?"

그럴 때면 그는 아무 대답 없이 머쓱하게 웃기만 했다. 처음 몇 달 동안은 사업이 꽤 잘되었다. 아니 그런 것처럼 보였다. 그러나 그것도 겨우 서너 달이었다. 훈이의 대학 동기는 그를 뿌리 끝까지 배신하고 사업자금을 몽땅 빼돌린 채 잠적해 버렸다.

하루아침에 잘나가던 대기업 부사장에서 알거지가 되어버린 친구에게 남은 것은 가족들의 싸늘한 시선이었다. 부인은 호화스럽게 살던 생활에서 단칸 지하방으로 옮긴 처지를 참아내지 못하고 친정으로 아이들과 함께 돌아가 버렸다. 조금만 비가 내려도 천정에 쥐가 실례를 한 것 같은 지도가 그려지는 지하방에서 몇 날 며칠을 울음으로 지새우던 친구는 얼마 전 아무런 흔적 없이 사라져 버렸다. 어디로 간 것일까.

유난히 얼굴이 까맣고 키가 멀쑥하게 컸던 친구의 모습을 떠올려본다. 그는 절망과 직면하고 있을 것이다. 어딘가에서 몽실몽실 떠가는 구름을 핏기 없는 얼굴로 올려다보면서 삶의 무의미함을 곱씹고 있을지도 모른다. '모든 것이 여기서 끝이구나.'라는 아득함을 또한 폐부 깊숙이 들이키고 있을 것이다. 그것이 절망의 시작이기 때문이다. 그러나 그는 아직 절망하기에는 이르다.

당신은 어떤 시련들로 인해 마지막을 절실히 깨닫고 있는가. 잠깐, 우리 모두가 알고 있어야 할 상식이 있다. 우리만 고독하고 우리만 괴로운 것은 아니다. 우리의 주위 사람들 또한 각자에게 부여된 어려움들을 천형처럼 받들고 살아가고 있다.

내 친구처럼 지금 절망과 막 얼굴을 대면하고 있다면 당신, 아직 절망하지 말라. 이것은 희망의 시작일 뿐이다. 하늘이 무너져 내리고 땅이 꺼져도 당신의 정신이 살아 있는 한 자멸하지 않을 수 있다. 절망하는 것은 스스로를 죽이는 자해행위다. 마지막일 것 같은 현재도 먼 미래에서 보면 가볍게 웃어넘길 추억이 될 수도 있다.

모든 게 끝났다고 생각되는가? 그것은 그저 관점의 착시현상이다. 바꾸어 생각하면 어떨까. "이제 난 새로운 출발점에 섰어. 과거가 어떠했든 간에 얼마나 비참했는지에 상관없이 앞으로의 삶은 활기차게 명랑하고 행복하게 살 거야. 지나간 일들은 뺨을 스치고 지나간

한 줄기 덧없는 바람과도 같지. 붙잡아 둘 수도 되돌려 올 수도 없어. 인생은 늘 새로운 시작이야."

추락하는 모든 것들에게는
날개가 있다

몇 년 전 집 근처 풀숲에서 새를 발견했다. 새는 날아가지도 못하고 움직이지도 못한 채 싸늘하게 식어 있었다. 불시에 발견한 새의 주검 앞에서 한참을 멍하니 앉아 있었다. 무엇이든 생명의 마지막을 응시한다는 일은 아프다. 그것이 새이든, 꽃이든, 나비이든, 거리를 떠돌던 유기견이든. 새의 잿빛 깃털에는 유적처럼 쌓인 시간들과 축축한 아침이슬과 창공을 가르던 옛 추억들이 고스란히 남아 있었다.

새는 왜 추락했을까. 어떤 사연을 지니고 지금 여기에 누워 있는 것일까. 주택가 공터에 버려진 짧은 생애를 조심스레 땅에 묻어주면서 깊은 생각에 잠겼던 기억이 난다. 그날 밤 꿈을 꾸었다.

그 새는 아주 건강해 보였다. 새는 반가움에 어쩔 줄 몰라 하는 나를 향해 다정한 미소를 지어 보였다. 어떤 악의도 없고 의심도 없으며 감춰둔 의도도 없는 선하고 부드러운 표정이었다. 우리는 아무런 말 없이 서로를 바라보면서 미소 지었다.

"괜찮니?"

그윽한 눈빛으로 물어보는 나에게 새는 말했다.

"고마워. 네 덕분에 난 다시 꿈을 꿀 수 있게 되었어. 너는 괜찮은 거지?"

새가 창공을 가르던 기상이 묻어 있는 아름다운 눈빛으로 대답했다. 내가 미처 손을 흔들어 주기도 전에 새는 힘차게 날개를 저으면서 하늘 끝으로 날아갔다.

그날 나는 새의 뒷모습이 보이지 않을 때까지 오래오래 하늘을 바라보다가 잠에서 깨어났다. 이제 새는 영원한 생명을 얻었을 것이다. 고통도 없고 추락에 대한 두려움도 없는 평안한 안식처에서 다시 멋진 생을 꿈꾸고 있지 않을까.

지금 이 시간에도 수많은 새들이 추락하고 있다. 그 새는 인간이라는 종의 새이다. 이 새에게는 저마다 일정한 분량의 삶이 주어진다. 그 분량만큼 살아내기 위해서 오늘도 인생이라는 창공을 날아다니며 먹이를 찾고 교미를 하고 집을 구하고 꿈을 찾아가고 있는 중이다. 이 새에게는 감춰진 것이 있다. 정작 본인들은 모르고 있었지만 그들의 겨드랑이 사이에는 또 다른 날개가 숨겨져 있었던 것이다. 그 날개를 발견해 낸 새는 추락할 때 또는 추락하고 나서도 날개를 추슬러서 다시 날아오를 수 있다. 그러나 자신의 날개를 미처 발견하지 못한 새는 추락과 동시에 인생이란 하늘과 영영 작별을 고하고 만다. 인생이란 하늘에서 안정되게 날아다니기 위해서는 본래 가지고 있던 날개 이외에도 또 다른 날개가 있다는 사실을 깨달아야 한다. 그렇다면 그 또 다른 제2의 날개는 무엇인가.

첫 번째 날개는 태어나면서 공통적으로 모두 지니고 있는 것이다. 이 날개는 생명이 주어진 순간부터 저절로 얻을 수 있는 날개다. 우리는 밥을 먹고 학교에 가고 직장에 나가고 산책을 하고 영화를 보고 애인과 데이트를 하고 여행을 다니고 잠을 자는 행동을 한다. 이때 이 날개가 함께한다. 육안으로는 보이지 않지만 사람들은 저마다의 날개를 퍼덕이면서 이곳저곳을 다니고 이런저런 일들을 해내고 있다.

이 첫 번째 날개의 이름은 무엇일까. 아무런 노력도 없이 신으로부터 부여받은 이 날개의 이름은 여러 가지로 불린다. 운명, 사주, 팔자 등 이것을 지칭하는 것들의 공통점은 정해진 행로를 의미한다. 이것에 의해서만 삶을 살아간다면 당신은 어려운 일에 직면할 때 아무런 안전장치 없이 떨어지는 스턴트맨처럼 속절없이 무너져 내리고 말 것이다. 그렇지만 제2의 날개를 펴서 스스로 퍼덕거릴 수 있다면 위기에 처해도 돌파구를 찾을 수 있다.

두 번째 날개의 이름은 무엇일까. 우리는 정말 궁금하다. 첫 번째 날개와는 확연히 다른 이것의 정체에 대해 궁금하고 또 의심스럽다. 과연 인간에게 제2의 날개는 존재하는가? 누군가 묻는다면 나는 확언할 수 있다. 분명히 존재한다. 그 제2의 날개의 이름은 두 글자다. 용기. 당신에게도 나에게도 금빛 찬란한 이 '용기'라는 날개는 존재한다. 겨드랑이가 스멀스멀 간지럽지 않은가. 바로 제2의 날개인 용기가 내면에서 발현되기 시작하는 징조이다.

인생이란 창공을 날아가다 보면 수많은 장해물들을 만나게 된다. 한 치 앞을 볼 수 없게 몰려드는 검은 먹구름, 누군가 장난삼아 띄워 둔 애드벌룬, 존재를 인식하기도 전에 우리를 상처 내고 지나갈 전투기, 그리고 간혹 머나먼 우주에서 찾아온 우주선 등. 그런 무수한 장해물들과 충돌해서 형체도 없이 추락하고 있는 사람들이 얼마나 많은가.

이제 당신은 제2의 날개, 용기라는 날개를 펴서 다시 날아오를 수 있게 되었다. 추락하더라도 실패하더라도 용기만 있다면 누구라도 다시 비상할 수 있다. 좌절과 타협하기 전에 용기라는 날개를 펴라. 슬픔에 용해되기 전에 용기라는 날개를 펴라. 절망과 동행하기 전에 용기라는 날개를 꺼내 희망을 향해 씩씩하게 날아올라라.

그대에게 절망은
아직 이르다

아이티의 수도 포르토프랭스에서 리히터 규모 7.0에 달하는 강진이 발생했다. 사망자만 20만 명 이상, 부상자 25만 명 이상, 이재민은 무려 100만 명 이상이나 되는 대지진이 발생하자 지구촌은 순식간에 크나큰 충격에 휩싸였다. 아이티의 잔혹한 참상이 시시각각 전해져 왔다. 그중에서도 수십만 명에 달하는 고아들의 비참한 상황은 전 세계인들의 눈시울을 적시게 했다.

하루아침에 부모를 잃고 살던 터전마저 무너지고 고아들이 갈 곳은 어디에도 없었다. 아이들은 거리를 떠돌며 무너진 건물잔해에서 고철을 주워서 팔아 생계를 유지하거나 구호품들을 받아 연명하고 있었다. 뉴스마다 그런 떠돌이 아이들의 비참한 모습이 눈에 띄었다. 그래도 아이들의 초롱초롱한 눈망울에는 절망보다는 살고자 하는 의지가 새겨져 있었다.

팔이 잘려져 나가 외팔이가 된 아이, 한쪽 눈을 잃은 아이, 다리를 절뚝이는 아이들…… 피할 겨를도 없이 단 몇 초만의 재앙에 사랑하는 엄마 아빠를 잃었다는 것 자체만으로도 아이들은 절망하고 비관에 젖을 것이다. 그렇지만 내일 당장 무엇을 먹어야 할지 어디에서 하룻밤을 지새워야 할지 불안한 처지에서도 아이들은 여전히 천진난만했다.

우리는 어떠한가. 아이티의 수많은 이재민들처럼 당장 잠잘 곳이 없는가, 아니면 부상자들처럼 의료혜택도 받지 못할 열악한 곳에서 팔다리가 잘려져 나간 채 방치되어 있는가, 그것도 아니면 먹을 음식이 없어서 며칠을 굶주림에 시달리다가 구호차가 오면 목숨을 위협받으면서 구호품을 받아오는가. 어떤 이재민들은 구호품을 받아 가지고 오다가 약탈자의 총에 맞아 그 자리에서 변을 당하기도 했다. 우리는 얼마나 행복한 처지인가. 그에 비하면.

"그래도 난 절망적이오. 당신은 배부른 소리를 하는군. 아이티가 우리랑 무슨 상관이오. 난 아이티란 나라가 어디 있는지도 모른단 말이오."

이 글을 읽다가 이렇게 말하시는 분이 없지는 않을 것이다.

"아이티가 우리랑 무슨 상관이라뇨. 그들의 불행은 곧 우리의 불행입니다. 조금이라도 성금을 모아주세요. 언제 우리에게도 그런 대재앙이 닥칠지 모르니까요."

위의 투덜거림에 이렇게 또 대답하실 분도 계실 것이다.

위 두 분의 말씀은 모두 옳다. 아이티가 현재의 우리와 무슨 상관인지 모르겠다는 말씀도 옳고 그들의 불행은 우리의 불행이라는 박애주의의 숨결이 물씬 느껴지는 분의 말씀도 옳다. 한 분은 지극히 현실주의자이고 또 한 분은 인류애가 가득한 박애주의자인 것이다.

그렇지만 어떤 시선으로 바라보든지 간에 아이티의 절망적인 상황은 슬픈 일이다. 당장은 자신과 아무 상관도 없는 지구 건너편 머나먼 나라 이야기 같다. 그래서 외면하고 싶은 마음이지만 사실은 그들의 불행에 함께 아픔을 느끼는 정 많은 민족이 우리 민족이다. 전쟁의 참혹한 풍경보다 덜하지 않은 산산이 부서진 도시를 보면서 각국의 온정이 이어졌다. 그 잔인한 현실 앞에서 아이티의 국민들이 보여준 모습은 아무런 재앙도 겪지 않고 잘 살고 있는 다른 나라의 국민들에게 가르침을 주고 있다. 그런 끔찍한 일을 경험한 사람답지 않은 모습. 그들은 평소와 다름없이 가족을 위해 손수 빨래를 하고 아이를 돌본다. 고철을 줍고 부족한 음식재료를 아껴 요리를 한다. 그리고 여전히 미래를 꿈꾸고 있는 이재민들은 몸은 비록 집을 잃어 갈 곳 없고 재산이 없어 풍족하게 물건을 구할 여력도 없었지만 영혼만큼은 어떤 부호보다 더 부유해 보였다.

그들은 어둠 속에 있었지만 빛을 보는 혜안을 지녔기 때문에 평정심을 유지할 수 있었던 것이다. 어둠 속에서 빛을 볼 수 있는 사람은 대지진과 같은 대참사 앞에서도 그처럼 평온하게 살아갈 수 있다.

혹시 지금 어둠 속에 있는 것처럼 앞이 보이질 않는가. 아무리 두 눈을 부릅뜨고 쳐다봐도 빛이라고는 한 점도 찾아볼 수 없는 최악의 형편인가. 그래도 빛을 보라. 그대에게 아직 절망은 이르다. 아이티의 이재민들이 보여준 모습을 보면서 자신의 처지를 돌아보면 어떨까. 아직 먹을 음식이 있고 잠들 장소가 있다는 것만으로도 절망해서는 안 된다. 설령 먹을 음식이 다 떨어졌고 잠잘 곳이 없어졌다고 해도 절망해서는 안 된다. 그 이유는 당신에게는 아직 생명이 있기 때문이다. 살아 있음보다 더 큰 축복은 없다. 빛을 바라보고 희망을 품어라. "오늘은 이렇지만 내일은 더 좋아질 거야."라고 말하라. 그것이 칠흑 같은 어둠 속에서 찬란한 빛을 찾는 기술의 밑바탕이다.

토라지면 엉기는 절망에게
깍듯한 예의를 갖춰라

 뜨거움이 절정에 다다른 듯 폭염에 휩싸인 오후다. 갈수록 뜨거워지다는 지표면에서 훅훅 뿜어져 나오는 열기에 사람들의 숨이 거칠어진다. 이럴 때 누군가 시원한 수박 한 조각이나 얼음 사각사각 씹히는 팥빙수를 가지고 온다면 고마움이 절로 들 것이다. 예의란 그런 것 아닐까. 다른 사람의 얼굴에 감사하는 마음이 어린 미소를 짓게 하는 일. 상대방에게 불편한 감정을 주지 않고 편안함을 주는 일.
 우리의 감정 중에서 가장 사랑이 필요한 절망이란 친구에게 지금 절실히 필요한 것이 예의일 수도 있다. 감정세계에서 자칫 천덕꾸러기로 전락하고 말 아슬아슬한 위치에 있는 절망은 사랑이 결핍된 아기와 같다. 사랑이 부족한 아기는 밤낮을 가리지 않고 잠들지 못하며 보챈다. 시도 때도 없이 울며 부모의 애간장을 태운다. 절망도 그와 비슷하다. 관심을 기울여 주지 않고 방치하거나 애정 없이 대한다면 절망은 고장 난 괘종시계처럼 아무 때나 사람들의 감정을 들쑤시고 말 것이다.

우리는 절망에 대해 예의를 갖추어야 한다. 이 세상에 함부로 대해도 마땅한 생명이 없듯이 우리의 감정도 함부로 대해도 괜찮은 것은 없다. 그중에서 절망은 특히 그러하다. 절망이 한번 토라지기 시작하면 인생의 모든 것들이 엉키고 만다. 그것은 절망의 특기 중의 하나이다. 절망은 사람들의 삶을 송두리째 사로잡아 시궁창에 쑤셔 넣고 마는 능력을 지니고 있기 때문이다.

성공을 갈구하고 진정으로 인생을 행복하게 살고 싶다면 어떻게 해야 절망의 심기를 불편하게 하지 않을까, 늘 신경 써야 한다. 절망을 적군이 아닌 아군으로 만들어서 인생에 도움을 줄 수 있는 감정으로 순화시킬 수 있을까를 생각해야 한다.

뭐든지 극단으로 몰아붙이면 방어하기 위해 최후의 발악을 하게 마련이다. 절망도 마찬가지다. 나쁜 감정, 상종해서는 안 될 감정, 인간에게 해만 주는 감정이라고 생각하고 대하면 절망은 급속도로 우리와 멀어지게 되어 있다. 그것은 절망이 소멸된다는 것과는 다르다.

절망은 스스로 소멸되지 않는다. 그것을 처음 불러들인 사람만이 없앨 수 있지만 완벽하게 제거한다는 것은 불가능한 일일 수도 있다. 이렇듯 절망의 뿌리는 깊이 뻗어 있다. 아무리 캐도 끝을 알 수 없는 칡처럼 절망의 뿌리는 질기다. 우리와 멀어진다는 것은 절망이 없어진다는 것이 아니라 시야에서 사라진다는 것과 유사하다. 유력인사를 시해하려는 자객이 호시탐탐 기회를 노리며 멀리서 지켜보듯이 절망은 저만치 떨어져서 우리의 약점을 노리고 있다. 그렇게 되지 않기 위해서 우리는 우는 아기를 잘 달래는 능숙한 유모처럼 절망을 다독이고 안아주어야 한다.

그럼 어떻게 해야 절망이란 칭얼거리는 아기를 잘 어르고 달래줄 수 있을까. 아기가 울면 엄마는 배가 고픈 건 아닌지 기저귀가 젖어서 우는 건 아닌지 살펴본다. 그런 후에 배가 고픈 아기에게는 젖을 먹이거나 우유병을 물려주고 기저귀가 젖어서 운 아기에게는 뽀송뽀송한 새 기저귀로 바꾸어 준다. 그렇다면 절망도 우는 아기처럼 달래주어야 할까. 아니다. 그렇게 했다가는 정말 절망적인 일이 벌어지고 말 것이다. 절망이 원하는 것을 그대로 해주어서는 위험하다. 왜냐하면 절망은 우리들이 더 큰 절망에 빠지기를 원하기 때문이다. 그것은 절망의 본능이다.

사춘기 아이들이 비뚤어진 채 잘못된 방향으로 나갈 때 무조건 그들의 요구를 수용해 주는 무책임한 부모는 없을 것이다. 그들을 사랑하지만 잘못된 점은 따끔하게 바로잡는 것이 부모들이고 이 사회 어른들의 역할이 아니겠는가. 절망도 마찬가지다. 감정세계에서 유난히 말수가 적고 음침한 얼굴의 이 아이에게 우리는 원하는 것을 무조건 들어주는 것이 아니라 밝고 따뜻한 세계로 나올 수 있도록 온화하게 이끌어야 할 것이다. 절망에 대한 예의는 절망을 바른길로 인도하는 것이다.

길을 가다가 발을 헛디뎌 맨홀에 사람이 빠졌다. 그는 어둡고 냄새나는 하수구에 빠진 채 낙담하고 있다.

"어쩌지. 내가 여기 있다는 걸 누가 알겠어. 게다가 휴대폰도 고장이 났네. 휴."

그는 절망에 빠지기 시작하다가 결국엔 절망이 이끄는 더 깊은 절망의 늪에 빠지고 만다.

"그래. 포기하자. 도저히 빠져나갈 방법도 없고 어떻게 할 도리도 없잖아. 춥고 냄새나는 이런 지저분한 곳에서 내 인생이 끝나다니."

그는 서서히 의식을 잃어간다.

하지만 위의 맨홀에 빠진 다른 한 사람은 절망에 대한 예의를 아는 사람이었다. 그는 결코 절망의 부정적인 유혹에 빠져들지 않았다. 그것은 궁극적으로 절망을 위한 일이기도 했다. 그는 이렇게 말한다.

"어이쿠, 조금 다치긴 했지만 특별하게 부러진 곳은 없는 것 같군. 정말 다행이야. 휴대폰이 고장이 났지만 큰 소리로 도와달라고 소리쳐 보자. 지나가던 사람들이 내 목소리를 듣고 구해줄 거야. 정신 똑바로 차리고 이곳에서 빠져나가야지. 나갈 수 있을 거야."

이런 마음가짐을 지니고 절망을 위로하는 지혜를 가진 그는 얼마 후에 구조대원들에 의해 무사히 구출되었다.

인생길에는 보이지 않게 숨어 있는 맨홀이 많다. 개중에는 뚜껑이 없는 위험한 맨홀들이 도처에 널려 있다. 그곳에 빠지더라도 절망에 굴복하기보다는 절망을 새로운 도약의 기회로 여겨 포기하지 말고 다시 일어선다면 행복하고 보람 있는 인생을 살 수 있을 것이다. 검게 타들어 가는 입술로 사랑을 갈구하는 가여운 절망에게 부드러운 미소를 보여주어라. 그가 당신을 할퀴려던 손톱을 슬그머니 거두어들일 것이다.

절망이 찾아오면
잠시 절망하라

　은혜는 오그라드는 손을 어떻게 해서든지 펴려고 안간힘을 쓴다. 그렇지만 야속한 손가락들은 도무지 펴질 생각을 하지 않는다. 갈퀴처럼 오그라든 손가락들이 혐오스럽다고 사람들은 그녀를 보면 혀를 내두르면서 얼굴을 찌푸린다.

　은혜의 손가락은 어릴 적 화상 때문에 그렇게 된 것이다. 그녀의 퉁퉁 부은 얼굴은 찐빵이 물에 빠진 것처럼 많이 부어 있다. 사실은 얼굴에 생긴 커다란 혹이 점점 커져가는 중이다. 그 때문에 그녀는 무더운 여름에도 시원한 가을에도 늘 넓적한 스카프를 머리에 두르고 있다.

　사람들은 그녀를 호빵 아줌마라고 부른다. 아직 결혼도 하지 못한 처녀인 그녀가 들어서는 안 될 호칭이 아닌가. 그래도 그녀는 언제나 방실거리며 웃는다.

　"아줌마, 이 무는 얼마인가요?"

그녀의 괴상망측한 얼굴과 오그라든 손가락을 보았는지 조금은 떨떠름한 표정으로 손님이 물었다.

"네, 이건 천 원이에요. 아침에 가져온 거라 무가 참 싱싱해요. 새댁은 오늘 처음 보는데 이사 오셨어요?"

환하게 웃으며 묻는 그녀의 얼굴은 무청보다 더 푸르다. 그녀의 얼굴은 비록 퉁퉁 불어 터진 찐빵처럼 볼품없었고 손가락은 괴물처럼 구부러져 있었지만 목소리만큼은 어느 아름다운 여인보다 더 친절하고 상냥했다. 그리고 처음 보는 손님에 대한 무한한 호의가 깃들어 있었다. 손님 역시 그녀의 마음을 고스란히 읽을 수 있었다.

"전 일주일 전에 이곳에 이사 왔어요. 제게 이렇게 따뜻한 관심을 보여주신 분은 아줌마가 처음이시네요. 무 세 개만 주세요."

손님들은 그렇게 은혜를 조금씩 알아갈 때마다 더 많이 좋아하게 되었다. 이제 이 시장의 상인들과 동네 사람들은 모두 그녀를 알고 있었다. 그녀는 이 시장에서 가장 인기 있고 사랑받는 야채가게 사장님이었다.

처음부터 은혜가 이토록 당당하고 멋진 모습으로 세상에 나섰던 건 아니었다. 그녀가 이렇게 되기까지는 오랜 시간 동안 스스로를 괴롭히던 자괴감과 절망을 떨쳐내는 고된 시련의 시기가 있었던 것이다.

그때 절망은 은혜에게 이렇게 속삭였다.

"넌 정말 못생겼어. 얼굴엔 커다란 혹이 나 있고 그건 수술로도 없앨 수 없다지. 그리고 손가락은 마녀처럼 꼬부라져 있어. 네가 너를 봐라. 얼마나 혐오스러운지 바라봐. 그런 얼굴로 어딜 다니겠다는 거니. 그건 다른 사람들에게 고통을 주는 범죄행위야. 네가 손을 들어 얼굴에 맺힌 땀이라도 닦아 내린다면 주위 사람들 아마 십중팔구는 기절할걸. 집에 얌전히 틀어박혀 있는 게 좋은 거야. 넌 아무것도 할 수 없어. 그딴 얼굴로 뭘 하겠다고."

그렇지만 그녀는 절망의 목소리에 귀 기울이지 않았다. 그보다는 밝은 표정으로 그녀에게 조언하는 친구의 말에 귀를 기울였다.

그녀의 친구는 루게릭이란 병에 걸려 있었다. 그 병의 무서움에 대해 은혜는 누구보다 더 잘 알고 있었다. 근육이 점점 힘을 잃어가고 결국엔 심장마저 기운을 잃어 멈추고 마는 병이 루게릭이다.

루게릭이라는 미국의 야구선수가 처음 그 병에 걸려서 이름 붙여진 이 병을 두고 사람들은 불치병이라고도 하지만 그녀의 친구인 민희는 스물셋 꽃다운 나이에 걸렸음에도 불구하고 단 한 번도 좌절하는 모습을 보여주지 않았다. 항상 그녀를 볼 때마다 해바라기처럼 노란 미소를 머금고 이렇게 말했다.

"은혜야. 오늘은 더 예뻐진 것 같구나. 나도 오늘은 조금 더 나아진 것 같아. 내가 쓴 글인데 읽어볼래."

민희는 작가가 꿈인 친구였다. 그녀는 점점 약해져 가는 손으로 힘들게 자판을 두드려 가면서 쓴 글들을 자랑스럽게 친구인 은혜에게 보여주곤 했다. 그럴 때마다 은혜는 혹으로 덮여서 잘 보이지도 않는 비뚤어진 입술을 달싹이며 그 글을 큰 소리로 읽곤 했다. 그럴 때마다 친구 민희의 글솜씨에 감탄을 금치 못했다.

"이 글 정말 좋다. 넌 타고난 작가구나. 앞으로 대성할 거야."

"고맙다. 은혜야. 네가 있어서 늘 힘이 돼. 오늘은 이 글을 써보았는데 어떠니? 너에게 꼭 보여주고 싶은 글이야."

그때 문자가 왔다. 이웃집에 사는 할머니가 많이 아프시다는 문자였다. 평소에 친할머니처럼 가까이 지내온 할머니이기 때문에 은혜는 서둘러 일어났다.

"미안해, 민희야. 그 글은 다음에 읽을게. 얼른 할머니 모시고 병원에 좀 다녀와야겠어. 그럼 다음에 또 올게."

"그래. 그럼 다음에 꼭 읽어줘. 난 네가 내 글을 읽어줄 때면 참 행복하더라."

은혜는 못내 아쉬워하는 민희를 남겨두고 나오는 발걸음이 유난히 무거웠다. 다행히 옆집 할머니는 가벼운 장염증세였다. 친구의 말이 걸렸던 그녀는 집에 돌아오자마자 민희에게 전화를 걸었다. 그런데 이상하게 전화를 받지 않았다. 한 번도 자신의 전화를 받지 않은 적이 없던 친구였다.

어쩐지 예감이 좋지 않았다. 민희는 어머니와 단둘이 사는데 어머니께서도 연락이 되질 않았다. 서둘러 집으로 달려가 보았다. 집 앞에 하얀 구급차가 이제 막 뒷문을 닫고 떠나려고 하고 있었다.

"무슨 일이죠? 어머니, 민희는요?"

민희 어머니가 눈물을 흘리면서 손으로 가리키는 곳에 하얀 시트에 덮인 누군가가 있었다.

"서, 설마…… 민희……."

"우리 민희가 글쎄…… 갑자기 저렇게 가버렸구나. 몇 번이나 네 이름을 부르더라."

그렇게 은혜는 세상에서 단 한 명뿐이던 친구를 허망하게 잃었다. 임종을 지켜주지도 못하고 마지막으로 그렇게 보여주고 싶던 그 글을 함께 읽어주지 못한 것이 못내 가슴에 걸렸다. 민희의 장례가 끝난 후 친구가 마지막으로 그렇게 보여주고 싶어 하던 글을 읽어보았다.

친구에게

난 오늘도 이 지독한 병과 함께 잘 지내고 있단다. 친구야. 절망은 참 쉽게 찾아와. 초대하지도 않았는데 불쑥 찾아온 병처럼 말이야. 하지만 외롭고 고독한 병과의 싸움에서도 지치지 않을 수 있는 것은 우린 아직 살아 있음이 아름다운 시절이기 때문이야. 이루고 싶은 꿈이 있고 사랑하고 싶은 사람들이 있고 그리워할 수 있는 추억이 있고 더 나은 내일이 기다리고 있는데 왜 절망에 빠지니. 그래도 친구야. 가끔은 우리 절망에 사로잡힐 거야. 어릴 적 앓던 사랑 병처럼 말이야. 인생은 늘 고단한 거니까. 쉼 없이 불행한 일들이 몰려올 거야. 그래도 우리 너무 오래 절망하지는 말자. 아주 잠시 동안만 절망하자. 그리고 다시 일어서는 거야. 보란 듯이. 세상에 우리들의 감춰진 끼와 재능을 마음껏 보여주자. 겉모습이 초라하고 가진 것도 보잘것없고 집안도 별 볼 일 없는 평범한 사람들이지만 우리의 내면에는 어떤 겉치레보다 웅대한 꿈이 자라고 있음을 자랑스럽게 여기자. 친구야 약속해 줄래. 아주 잠시만 절망하겠다고. 난 너를 믿어. 어떤 괴로움이 너를 잡고 흔들어도 너는 끝까지 너일 것을 믿어.

사랑하는 내 친구 예쁜 은혜에게…… 민희가

친구의 글을 떨리는 목소리로 끝까지 읽은 은혜의 일그러진 얼굴에서 뜨거운 눈물이 천천히 흘러내렸다. 다시는 볼 수 없는 친구의 따뜻함이 미치도록 그리워졌다. 그녀가 남긴 글의 한 구절이 가슴을 치고 울렸다.
"우리 너무 오래 절망하지는 말자. 아주 잠시 동안만 절망하자. 그리고 다시 일어서는 거야. 보란 듯이."
다시 한번 그 구절을 읽으면서 은혜는 더 이상 참지 못하고 그 자리에 풀썩 쓰러진 채 소리 내어 흐느껴 울었다. 은혜는 그날 이후로 더 밝고 씩씩하게 하루하루를 값지게 보내기 위해 노력했다.
"친구야, 나 봐. 잘하고 있지? 정말 힘들 때는 아주 잠시 동안만 절망할게. 그리고 다시 일어나서 너의 말처럼 멋진 인생을 살 거야."

실패의 어머니
'포기'를 포기하라

　일요일 아침이면 느슨해진 사람들의 마음에 활력을 불어넣기 위한 사명감을 가진 듯 텔레비전에서 각종 도전 프로그램들을 방영한다. 노래를 누가 더 많이 정확하게 아는지 여러 분야의 사람들이 나와 도전하고 어떤 게임에 누가 더 멀리 뛰거나 오래 버티는지 도전하는 모습을 자주 목격하게 된다. 그런 장면을 보면 왠지 모르게 우리도 힘이 생겨난다.
　"저 곡은 나도 아는 곡인데. 저 정도 거리면 나도 뛸 수 있을 것만 같아."라고 하면서 출연자들의 일거수일투족에 신경을 쓰게 된다. 그러다 보면 잠은 어느덧 사라지고 야외에 나가서 운동을 해볼까 하는 생각도 든다. 도전이란 실패를 예견하지 않고서는 성립될 수 없다.
　순갑이라는 사람은 매일 삼십 분간 새벽운동을 하기로 결심했다. 첫날은 예정했던 시각보다 훨씬 일찍 일어나서 새로운 각오를 다지면서 열심히 뛰어 목표량을 초과 달성하였다. 둘째 날은 조금 피곤

했지만 그래도 주섬주섬 잠자리에서 일어나 가까스로 삼십 분을 달렸다. 다리가 쑤시고 아파왔다. 근육이 무리를 해서인지 저 혼자 경련을 하기도 하였다. 사흘째 되는 날, 그는 힘차게 울리는 알람시계의 입을 손바닥으로 눌러서 막아버렸다.

"나 자신과의 약속을 저버릴 수가 없어."

그는 안간힘을 쓰면서 운동을 시작했다. 그러다가 중간쯤 달리는데 쥐가 생겼다. 도저히 움직일 수가 없는 형편이 되었다. 어쩔 수 없이 운동을 포기하고 집으로 오는 내내 기분이 언짢았다.

"겨우 사흘하고 그만두려면 시작을 말았어야죠. 사람 잠 못 자게 새벽부터 그 요란을 떨더니."

집에 돌아오니 아내의 잔소리가 그를 반겨주었다.

"다리에 쥐가 나서 그런 거야."

그렇게 말하면서도 속상한 마음을 몰라주는 아내에게 서운한 마음이 드는 건 어쩔 수 없었다. 그날 이후로 그는 새벽운동을 하지 않았다. 순갑은 자신의 몸이 이제 확실한 노화기에 접어들었다고 자포자기하고 만 것이다. 평소에 간간이 다니던 산책도 이제는 하지 않고 어딜 가나 조심조심 걸어 다녔다.

그는 목표를 달성하는 데 실패한 사람일까. 그렇지 않다. 그는 실패한 것이 아니라 자신이 포기함으로써 스스로 실패를 껴안은 것이다. 두 팔을 마음껏 벌려 실패라는 부정적 감정을 아무도 권하지 않았는데 안고서 살아가고 있는 그의 일상이 행복할 수 있겠는가.

순갑이가 진정으로 새벽운동을 하기로 한 자신의 도전을 성공으로 이끌고 싶었다면 다리에 쥐가 나서 운동을 중단한 것을 포기하는 데 결정적인 이유로 인정하지 않았어야 했다. 누구나 심한 운동을 갑자기 하면 근육에 무리가 올 것이다. 그럴 때 현명한 처신을 하는 사람이라면 다음번 운동 때에는 적당히 사전에 근육을 풀어주고 운동시간을 조절해서 건강을 챙기면서 자신의 자존감도 세울 수 있을 것이다.

한번 실패는 인생의 영원한 실패가 아니다. 이 점을 명심하자. 당신이 오늘 어떤 일을 하다가 실패했는지에 전혀 상관없이 당신의 그 도전은 아름다운 일이었다. 그것은 실패가 아니라 성공으로 가는 징검다리의 하나를 사뿐히 밟았을 뿐이다.

도예가는 완성도가 떨어지는 도자기를 미련 없이 깨트린다. 그런 행동을 다른 사람이 본다면 이해가 불가능할 수도 있다.

"저 아까운 걸 왜 버리는 거야. 처음부터 잘 만들지. 애써 만들어서 저렇게 부수다니. 참 어리석은 사람이구만."

그들은 실패를 조롱할 수도 있다. 그렇지만 누가 뭐라 해도 진정한 장인이라면 자신의 마음에 들지 않는 엉성한 작품을 단지 아깝다는 이유로 세상에 수치스럽게 내밀지는 않는다.

나 역시 그러하다. 이 한 권의 책을 쓰기 위해 수많은 문장을 버릴 것이다. 더 내실 있고 알찬 글을 쓰기 위한 과정이라는 것을 알기에 마음에 들지 않는 문장은 과감히 지우고 다시 쓰는 것이다. 그것은 실패라기보다는 성공을 이루기 위한 주춧돌을 만들어 가는 필수 불가결한 과정이다.

작은 시행착오를 실패라고 인정한 사람만이 절망의 가장 절친한 친구인 실패를 가족으로 맞아들이는 비운을 겪게 될 것이다. 실패는 도전하는 사람에게 부여되는 가치 있는 경험들이다. 그것을 자신의 능력과 꿈을 이루기 위한 긍정적 에너지로 변환시키는 사람은 실패를 통해 다시 도전할 힘을 얻어서 앞으로 나아갈 것이다. 실패를 실패로 받아들이고 꿈을 포기하고 노력을 포기한다면 얻을 수 있는 것은 후회뿐이다.

후회스러운 삶을 살고 싶지 않다면 오늘 이루지 못한 일들을 한탄하느라 시간을 보내지 말고 내일 이룰 수 있는 것들을 생각하면서 기운을 내자. 당신은 무엇이든 이룰 수 있는 무한한 가능성을 지닌 사람이다. 포기와 실패와 절망이라는 불온한 아이들에게 희망이 어떤 것인지 보여줄 때이다. 그들에게 진정 용기 있는 사람의 삶이 어떤 것인지 보여주어라.

열 번 넘어져도 열 번 다시 일어서는 것은 언제나 가능하다. 절망이라는 늪에 빠지지 않는 유일한 방법은 포기하지 않는 것이다. 인류에게 유익한 목표를 설정해 매일 꾸준히 성실성을 지니고 끈질기게 노력하라. 그리고 포기하지 말라. 열한 번 넘어져도 열두 번 일어서겠다는 굳은 신념을 지니면 누구나 못 이룰 것이 없다.

절망을 슬그머니 쫓아내는 그 말, "할 수 있어."

수렁에 빠진 사람이 두려워하는 것은 다시는 이곳에서 빠져나가지 못하는 일일 것이다. 꼼짝 못 하고 진흙탕에 빠져 제대로 한번 살아 보지도 못하고 삶을 접어야 하는 것에 대해 두려워하게 될 것이다. 지금 우리는 수렁에 빠져 있는 것은 아닐까. 사는 게 참 힘들다 느껴지면 자신의 발밑을 살펴보라. 어떤 것이 있는가.

결과를 부정적으로 예측하면서 성공한 인생을 살기를 기대한다는 것은 무의미한 일이다. 이처럼 비관적인 처지의 자신을 계속 곱씹으면서 형편이 더 나아지기를 기대하는 것은 어리석은 일이다. 그렇지만 우리들은 종종 그런 실수를 한다. 실수라고 하면서 너그럽게 스스로를 위로하지만 사실 그것은 실수라기보다는 바보스러운 습관에 더 가깝다. 잘못된 습관에 익숙해지면 그것이 얼마나 큰 피해를 입히는지 알 수가 없다. 그래서 우리는 습관의 형성에 매우 주의해야 하는 것이다.

절망과 좌절의 수렁에 빠지고 싶은 사람이 어디 있겠는가. 제 발로 그런 곳을 향해 들어가는 사람은 물론 없을 것이다. 하지만 우리는 알게 모르게 누가 밀어 넣지도 않았는데도 제 발로 절망의 수렁에 발을 디밀고 있는 중이다. 그 이유는 매우 간단하다. 무슨 일을 하든지 할 수 없다는 생각을 지닌 채 임하기 때문에 아무리 쉬운 일이라도 성공시킬 수가 없는 것이다. 그렇다면 우리가 절망의 수렁에 빠지지 않을 수 있는 방법도 매우 간단하다. 그 반대로 하면 되는 것이다.

무슨 일을 하든지 할 수 있다고 믿어라. 그렇게 하면 절망스러운 기분이 드는 대신에 심장이 요동치고 기대와 의욕에 불타오르게 된다. 인간의 가능성은 실로 무한하다. 인간적인 눈으로 보면 도저히 이루어 낼 수 없을 것 같은 일도 강력한 신념의 힘으로 이루어 낸 일들이 얼마나 많은가. 그것은 절망을 극복한 사람들의 위대한 승리이다. 당신이 모든 일 앞에서 당당한 모습으로 할 수 있다고 자신을 믿어준다면 절망은 슬그머니 자취를 감추게 될 것이다. 다시는 당신 곁에 찾아와서 귓속말로 포기를 종용하지도 못할 것이다.

경수는 다니던 직장에서 억울하게 해고를 당했다. 그래서 경수 또한 남들처럼 절망하고 있다. 매일 술이나 마시고 유흥업소를 서성거리면서 시간을 낭비하고 있다.

"친구들과 만나는 일이 고통스러워. 가족들 얼굴 보는 것마저도 두려워. 다시는 취직할 수 없을 것 같은 불안감이 엄습해서 새벽에 깜짝 놀라 잠에서 깬 적도 여러 번이었어."

경수는 그렇게 억울하게 해고를 당한 뒤부터 그 심정이 참으로 처참

했다. 그런 그에게 하루는 친구 만철이가 찾아와 위로의 말을 했다.

"아까운 시간을 술을 마시고 유흥업소를 전전하고 구석진 골방에 틀어박혀서 허무하게 낭비하고 있다는 것은 자신을 위해서도 사회를 위해서도 전혀 바람직하지 않은 일이야. 그것은 절망이란 사신에게 붙들려서 죽음의 불구덩이 속으로 끌려가고 있는 형국이지. 직장에서 억울하게 해고당했다고 하더라도 여전히 너는 살아 있잖아. 꿈을 꿀 수 있고 앞날을 멋지게 스케치할 수 있고 땀 흘리고 열심히 노력할 의지도 있어."

억울함 따위의 연약한 감정은 훌훌 털어버려라. 솔직히 그 직장보다 더 나은 직장이 이 세상에는 더 많다는 것을 알고 있지 않은가. 고개를 들어 주변을 살펴보라. 도처에 더 좋은 환경을 지닌 일자리가 넘칠 것이다. 아니면 그 전에 그렇게 하고 싶었던 다른 일에 과감히 뛰어들 수 있는 절호의 기회가 될 수도 있다. 이번이 하늘이 주신 기회라고 생각한다면 흥이 날 것이다. 무슨 일이든지 다 해낼 수 있다고 믿으면서 새로운 일에 용감하게 풍덩 뛰어들어라. 절망이 화들짝 놀라서 달아날 것이다.

3년 동안 사귀어 온 애인이 친구와 바람이 나서 당신을 헌신짝 버리듯 냅다 버렸는가. 그래서 돌아버릴 것 같은 심정으로 하던 일도 그만두고 방황하고 있는가. 보는 사람마다 옛 애인의 변심을 늘어놓고 동정심을 구걸하지는 않는가.

친구의 애인과 바람이 날 정도의 도덕성을 지닌 사람과 헤어진 건 정말 잘된 일이다. 차라리 그 사람이 먼저 당신 곁을 떠나주었으니

고마운 일이기도 하다. 비윤리적 가치관을 가진 사람과 평생을 함께하게 될 수도 있었는데 스스로 알아서 떠나주니 얼마나 잘된 일인가. 당신이 절망에 사로잡힐 이유는 전혀 없다. 이건 축하할 일이고 앞날을 위해서도 이로운 일이다.

오늘부터 자신의 일에 집중하라. 떠난 사람의 바짓가랑이를 붙잡고 늘어져 봐야 아무 소용이 없는 일이 아닌가. 스스로를 사랑하고 아끼고 하고 있는 일에 최선을 다해 노력하며 살아간다면 머지않아 더 괜찮은 사람을 만나게 될 가능성이 높다. 사람의 인연이란 하늘이 정해준 것이기도 하지만 자신이 어떤 사람이 되느냐에 따라 어떤 사람을 만나게 될지 결정된다는 사실을 기억하길 바란다.

"나는 뭐든지 잘 해낼 수 있어. 힘들어 보이긴 하지만 노력하면 될 거야. 내겐 무슨 일이든 해낼 수 있는 잠재력이 있으니까."

이렇게 생각하면서 살아가라. 그렇게 하면 절망이 힘을 잃고 당신이 내뿜는 희망의 바람결에 실려 어디론가 사라지고 말 것이다. 늘 앞을 똑바로 바라보고 허리를 펴고 기운차게 발걸음을 내딛어라. 절뚝거리거나 비실거리며 걷지 말라. 나약한 모습으로 동정을 구걸하지 말라. 우리들은 이 땅에 성공하고 행복하기 위해 온 고귀한 존재들이다. 위풍당당하게 자신을 세상에 보여주어라. 당신은 무엇이든 해낼 수 있는 대단한 사람이다. 이 점을 잊지 말고 가슴 깊이 새겨두어라.

짓밟을수록
더 푸르게 일어서는 보리처럼

　겨울이면 온 세상에 하얀 눈송이가 소담스럽게 내린다. 눈이 시릴 정도로 새하얗게 빛나던 세상. 공장의 회색빛 매연이나 매운 자동차 배기가스에 전혀 오염되지 않은 깨끗한 눈. 집 뒤에는 사시사철 변함없이 청정한 소나무 숲으로 울창한 진초록 산이 둘러서 있고 마을 앞에는 아스라이 무인도가 손짓하는 평화로운 마을.

　입김이 얼어붙어 버릴 듯 차가운 추위가 몰아칠 때 집 앞 보리밭에는 아기보리들이 초록빛 싹을 살며시 내민다. 엄마는 아이들에게 말한다.

　"내일은 보리를 밟아주어야겠다."

　"왜요?"

　"그래야, 더 잘 자라기 때문이란다."

　"밟으면 아플 텐데요. 보리가 가여워요."

　엄마는 아이의 보드라운 볼을 가만히 쓰다듬으면서 다시 말을 이

어간다.

"그건 보리를 위해서란다. 아픔이 클수록 보리는 더 튼튼하게 자랄 수가 있단다. 저 서릿발을 보렴. 그대로 두면 머지않아 보리의 뿌리들은 얼어 죽고 말 거야. 우리들이 보리를 밟아주면 보리는 땅속 깊이 뿌리를 내려서 오래오래 튼튼하게 살아남을 수 있단다."

군고구마를 하나씩 집어 들고 먹던 까만 눈의 아이들이 고개를 끄덕거렸다.

"너희들도 틈나는 대로 보리를 밟아주렴."

"네!"

씩씩한 대답 소리가 창호지 문틈에 박힌 코스모스와 함께 향기롭게 살랑거렸다.

먼 추억의 시절에 보리는 밟히면 밟힐수록 더 건강하게 살아남았다. 이제는 보리밭을 구경하기도 힘든 세상이 되었다. 보리밭을 보려고 도시인들은 몇 시간 동안 차를 달려 지방을 찾아간다. 마치 신기한 나라에 온 듯 보리를 배경으로 찰칵찰칵 사진을 찍고 보리로 만든 음식이 즐비한 식당가를 순례하다가 지쳐 집으로 다시 돌아간다. 그렇게 보리는 한순간의 유희거리로 전락한 것만 같다. 그러나 보리의 일생에는 보리밟기라는 극한의 고통스러운 시간이 있었다. 지금은 어떠할지 모르지만 먼 옛 시절에는 분명히 그러했다. 주인의 발에 짓밟혀서 허리가 꺾이고 부러져도 신음소리 한 번 내지 않고 오히려 더 강해지는 것이 보리다.

하찮은 사람에게서도 배움을 얻어야 한다는 진리는 여기에서도 적용된다. 사람이 아닌 식물에게서도 우리는 교훈을 얻을 수 있다. 밥 지을 때 넣거나 건빵이나 만들면 그만인 보리를 통해서 인간이 살아가는 처세술을 배울 수 있다는 사실이 흥미롭지 않은가. 보리밭에 가면 보리를 배경으로 사진을 찍느라 진짜 보리의 진면목을 보지 못하지는 않았는지 되돌아볼 일이다.

그 사진 속 보리는 당신의 등 뒤에서 이렇게 말한다.

"우리는 짓밟힐수록 더 강해졌어요. 당신은 어떤가요. 오늘 굉장히 힘든 일이 있었다는 거 알아요. 그런데 당신, 심하게 좌절하고 인생을 원망하던걸요. 사는 거 다 마찬가지 아닌가요. 우리도 겨울이면 두려워져요. 얼마나 밟힐지 그 고통이 얼마나 심할지 할머니 할아버지께서 다 알려주셨기 때문이지요. 그렇지만 우리는 그것이 두렵다고 해서 땅속에 묻혀서 생을 마감하지는 않아요. 위험을 감수하고 씨앗을 발아해 싹을 내지요. 그리고 세상에 보리 싹이라는 아름다운 식물의 존재를 보여주지요. 또 누군가에 의해 짓밟힐 테지만요. 그것이 모두 우리의 생명을 연장시키고 더 강하고 단단하게 만들어 주는 소중한 밑거름이 된다는 사실을 알기 때문에 즐겁게 고통을 즐겨요. 혹시 당신은 지금 절망하고 계신가요. 두려워하지 마세요. 산다는 건 보리나 사람이나 같잖아요. 더 큰 시련이 찾아올수록 우리는 더 강해질 거예요."

보릿대로 만든 보리피리를 불어본 적이 있는가. 혹은 그 소리를 들어본 적은 있는가. 보리피리 소리는 청아하게 사람의 심금을 울린다. 인간의 발에 무참히 짓밟히면서도 꿋꿋하게 삶을 헤쳐 나온 보리의 넋들이 거기에 실려 있기 때문인지도 모를 일이다.

보리도 다시 일어서는데 우리가 시련을 이기지 못하고 절망한다면 얼마나 부끄러운 일인가. 넘어져도 다쳐도 억울한 일을 당해도 사업이 망했어도 시험을 망쳤어도 가족을 잃었어도 손 다리가 잘려나가도 다시 일어서라. 저 의연한 보리처럼 삶의 아름다움을 청량하게 만끽하면서 살아가라. 인생의 겨울은 길고 암울하게 다가올 것이다. 그러나 보리처럼 다시 일어서겠다는 불타는 생의 의지를 지닌 사람은 머지않아 더 푸르른 싹을 틔울 것이다.

소외된 이들의 아픔을
헤아려라

 종종 어딘가에 잘 부딪힌다. 그래서 여기저기 상처가 난다. 무릎이며 종아리 혹은 팔꿈치 등에 원인 모를 통증이 느껴질 때가 있다. 이런 난감한 상황이란. 때로는 피가 나기도 하고 시퍼런 멍이 들기도 하는데 언제 다쳤는지 어디에서 생긴 상처인지 가물가물할 때가 많다. 이처럼 조금은 덜렁대고 잘 삐지고 다혈질적인 내가 글을 쓸 때만큼은 이처럼 단정해지고 정숙하며 세상의 모든 진리를 알아가는 도인처럼 변한다는 사실이 신기할 뿐이다. 솔직히 말하자면 글을 쓰지 않을 때도 약간은 그런 면이 있긴 하다. 늘 사색하기를 좋아하고 생각을 깊이 하는 걸 즐겨하며 진리를 깨닫기 위해 몸서리치면서 괴로워한다. 이 모든 과정이 행복하다.
 모두가 잠든 밤 홀로 앉아 컴퓨터 자판을 두드리는 소리가 내 가슴을 빗방울 소리처럼 잔잔하게 두드린다. 이 소리는 언제부터인가 내게 안정을 준다. 글을 써나갈 때마다 나의 글들로 인해 앞으로 누군가가 삶의 용기를 얻고 희망을 품을 수 있으리라는 기대로 인해 흥분된다. 절망에 대한 글을 써 내려오면서 문득 절망이란 집착의 결과물일 수도 있다는 생각이 들기에 이르렀다.

난 글을 쓰면서도 자주 깨달음을 얻는다. 물론 이 글들을 쓰는 주된 목적은 독자 여러분들의 삶에 도움을 주고자 하는 것이다. 그런데 가끔은 글을 쓰는 내가 나의 글들로 인해 희망을 얻고 있으니 얼마나 감사한 일인지 모른다. 이것은 어떤 의미일까. 어떤 사람이 다른 사람을 돕기 위한 순수한 마음으로 그를 위해 희생한다면 그것은 결국 그 사람 자신에게도 혜택이 되어 돌아간다는 신비한 공식이 성립되는 것이다.

당신이 만약 주위에 있는 가난하고 소외된 이웃을 위해 기꺼이 가진 것의 일부를 나눠준다면 나눠준 것의 전부는 물론이고 그 이상의 것들을 다시 되돌려받을 수 있다. 이것은 우주의 법칙이다. 반대로 당신이 만약 주위에 있는 가난하고 소외된 이웃으로부터 그들이 가진 것들의 일부나 혹은 전부를 갈취하거나 훔치려고 한다면 그 이상의 손실을 보게 될 것이다. 이것도 역시 우주의 정확한 법칙이다.

이 글을 쓰는 작가는 왜 절망이 집착의 결과물이라고 불현듯 깨닫게 되었을까. 왜냐하면 절망은 자신에게만 관심을 쏟을 때 즉 온전히 세상의 모든 초점을 자신에게만 향하여 비출 때 더 짙어지기 때문이다. 피곤하면 더 검게 변해가는 눈 밑의 어두운 손님 다크서클처럼 우리가 자신에게만 관심의 모든 촉수를 뻗어버리면 절망의 그림자는 점점 더 진해진다. 하루하루 자신만 오롯이 응시한다면 자신이 이 세상에서 가장 불행한 일을 겪고 있는 것처럼 보이고 자신보다 더 비참한 사람은 없는 듯 느껴질 수밖에 없다.

지금이라도 당장 절망으로부터 빠져나오고 싶은가. 그렇다면 자신에 대한 과도한 집착을 버려라. 여기서 말하는 집착은 자기를 존중하고 사랑하는 마음과는 별개의 것이다. 이것은 비뚤어진 자기애이다. 진정으로 자신을 사랑하는 사람은 너그러운 시선으로 주위를 둘러볼 줄 아는 사람이다.

부자보다는 가난한 사람, 명성 있는 사람보다는 이름 없는 사람, 지위가 높은 사람보다는 지위가 낮은 사람, 배운 사람보다는 못 배운 사람, 영악한 사람보다는 모자라는 사람 등에게 더 많이 사랑을 베풀어라. 그들을 위해서 기도하고 그들을 위해서 자신이 쌓아온 재물과 지식을 써라. 그렇게 한다면 당신은 더 많은 부와 명예를 얻을 수 있으며 하늘의 신뢰와 땅의 축복을 얻게 될 것이다. 그리고 모든 일에서 좋은 면을 발견하게 되고 즐겁고 명랑하며 행복하게 살 수 있게 된다.

예전에 살던 동네에 그림자만 지나가도 사람들이 수군거리는 그런 여인이 살았다. 말하는 것도 이상하고 어딘지 한참은 모자란 듯 보이는 그녀를 보며 사람들은 상대적 우월감을 느낀 듯 경멸하는 눈빛을 보내곤 했다. 난 차마 그럴 수 없었다.

"그 여자 바보인 것 같아. 잘 대해주지 마. 같이 있으면 오해받기 쉬우니까. 아는 척도 하지 말고."

누군가 내게 그녀를 따돌려 줄 것을 은근히 종용했지만 난 그녀와

마주칠 때면 인사를 했다. "잘 지내셨어요. 날씨가 참 좋죠. 얼굴이 좋아 보여요."

그때마다 그녀는 날 보면서 방긋 웃으며 "어. 어……." 하는 짧은 대답을 하곤 했다. 난 전혀 그녀가 나와 별개의 별나라 사람이라고 생각하지 않았다. 그녀도 마땅히 존중받아야 할 사람이라고 생각했기에 만날 때마다 반가운 마음으로 인사를 나누었고 간혹 사전예고도 없이 불쑥불쑥 집을 찾아왔어도 싫은 내색을 곧바로 하기보다는 반갑게 맞아들이거나 정중한 거절을 하곤 했다.

그 시절 그 동네에서 내게 가장 친절하게 대해준 사람 중에 그녀가 있었다면 믿어지는가. 다른 사람들에게서는 차가운 냉대만 받았던 그녀가 나를 남다르게 느꼈을지도 모를 일이다. 그래서인지 그녀는 날 볼 때면 다른 이들을 볼 때와는 전혀 다른 미소를 지어 보이곤 했다. 그리고 손수 기른 오이며 가지 등을 가져다주면서 수줍게 웃곤 했다.

아무리 지능지수가 떨어져도 자신을 진심을 가지고 대해주는 사람은 알아볼 수 있는 법이다. 우리보다 못난 사람, 우리보다 못 가진 사람, 우리보다 부족한 사람들을 더 많이 챙겨주자. 그들에게는 어느 때보다 따스한 사랑이 필요하다. 우리의 조그만 관심과 따뜻한 말 한마디가 그들을 절망에서 벗어날 수 있게 해주는 결정적 계기가 될 수도 있다. 그리고 무엇보다 그렇게 함으로써 우리가 더 많이 행복해질 수 있다.

소외된 이웃을 돌아보라. 그들의 아픔을 헤아려라. 걸인도 바보도

부자도 천재도 모두 다 하나가 될 때 세상은 더 밝아지고 아름다워질 것이다.

절망 속에
희망이 살고 있다

 봉순 할매가 은색 꽃잎으로 장식된 둥근 손거울을 본다. 할매의 취미는 거울을 바라보는 것이다. 거울 속 할매의 주름들이 한꺼번에 찌그러진다. 할매가 웃었기 때문이다. 할매는 거울을 바라보면서 웃는 것을 좋아한다.
 그 시간 다 허물어져 가는 흙집은 언제 붕괴되면 좋을까 하며 시간을 조율하고 있는 중이다. 하얗게 바래어진 머리칼은 염색을 한 날짜가 가물가물하다. 푸석푸석한 흰머리들이 봉순 할매의 머리 위에서 힘없이 나풀거린다.
 "그래도 우리가 한때는 먹물보다 더 검은색으로 예쁜 소녀의 얼굴 위에서 찰랑거렸었지." 흰머리들이 그렇게 회상에 잠겨 있을 때 누군가 마당으로 들어섰다.
 "엄니. 점심은 드셨어요?"
 종종 혼자 사는 봉순 할매를 찾아오는 이장 댁이다. 오늘도 어김없이 이장 댁의 손에는 갓 담은 김치며 소고기, 밑반찬 몇 가지가 들려 있다.

"나 같은 거 뭐 하러 이렇게 찾아와, 힘들게."

퉁명스럽게 말하는 듯했지만 봉순 할매의 입술에는 잇몸이 환하게 드러나도록 미소가 피어났다.

"또 아침 안 드셨나 봐요. 끼니 거르지 마세요. 연세 드실수록 더 잘 잡수셔야 하는데."

이장 댁은 부지런한 손길로 밥상을 차렸다. 마치 딸처럼 아니 딸보다 더 살갑게 할매를 보살펴 주는 그녀의 눈빛이 표 나지 않게 흔들렸다.

"자식도 없는데 난 자네가 내 자식 같아서…… 그런데 내가 해준 것이 없구만. 해줄 것도 없고. 이렇게 얻어먹고 살아서야 쓰겠는가."

"엄니, 그런 말씀 마세요. 저희 어머니께서 일찍 돌아가셔서 외로웠던 제게 지난 수십 년 동안 엄니께서 얼마나 잘해주셨는데요."

"미역국이 참 맛나구만."

치아가 다 빠져서 틀니를 낀 채 이장 댁이 끓여준 소고기미역국을 후루룩 먹다가 갑자기 수저를 놓으며 할매가 작은방으로 갔다.

"자네한테만 보여줄 것이 있어."

봉순 할매가 작은방에 가서 한참을 있다가 나와서 뭔가를 건네주었다. 마치 수줍은 새색시가 옷고름을 풀기 전에 머뭇거리듯 내민 그것은 예쁜 꽃핀이었다. 아주 오래되어 보이는 그렇지만 이름 모를 자줏빛 보석이 박힌 고급스러운 핀이었다.

"참 곱네요. 젊었을 적 엄니도 이 핀처럼 고우셨을 거예요."

"그건 내가 열네 살 때 일본군에게 끌려가기 전에 아버지가 만들어 주신 거여."

이 이야기는 정확히 백다섯 번째 듣는 중이다. 봉순 할매는 약간의 치매기가 있기 때문에 자신이 한 이야기를 고장 난 카세트테이프처럼 또 하곤 했던 것이다. 그렇지만 이장 댁은 마치 처음 듣는 것처럼 깜짝 놀라기도 하고 탄성을 지르기도 하면서 열심히 경청하였다.

꽃핀을 보여준 것도 백다섯 번째이다. 그래도 늘 할매의 이야기는 이장 댁의 마음을 아리게 하였다. 열네 살 꽃다운 나이에 일본군에게 끌려가서 순결을 빼앗기고 그들의 성적 노리개로 전락해 살아야 했던 봉순 할매의 이야기 속에는 비극적 한이 서려 있었기 때문이다.

봉순 할매는 해방이 되어 겨우 다시 고향에 돌아왔지만 정들었던 고향에는 부모님은 물론이고 형제자매도 없었다. 모두 다 희생되고 말았던 것이다. 위안부라는 이름을 죄인처럼 달고서 평생을 혼자 살아오신 할매에게는 병들어도 수발해 줄 자식도 없었고 노후를 위해 저축한 넉넉한 재산도 없었다. 그런 할매였지만 할매는 늘 명랑쾌활하게 지냈다.

이장 댁은 꽃핀을 보며 감탄했다.

"꽃핀이 참 고와요. 우리 엄니처럼요."

봉순 할매가 마당가에 피어난 봉숭아꽃처럼 진홍빛으로 웃는다. 기억 속 저편에서 젊은 아버지가 그녀를 향해 손을 흔드는 모습이 보이는 듯이 열네 살 소녀처럼 행복하게 미소 짓는다.

우리들의 봉순 할매는 오늘도 잇몸이 드러나도록 웃고 있을 것이다. 아주 가끔 손님이 찾아오면 굽은 허리를 곧추세우며 작은방으로 달려가 장롱 속에 고이 간직한 꽃핀을 꺼내 자랑할 것이다. 그런 그녀는 이 시대 어느 미녀보다 아름답다. 전설 속 청순한 공주처럼 그녀는 영원히 사라지지 않을 한민족의 아름다운 소녀이기 때문이다.

우리 중 누가 그렇게 어린 나이에 모든 것을 다 잃고 해맑게 웃을 수 있을까. 꽃핀 하나를 보물처럼 간직하면서 행복해하는 봉순 할매처럼 감당할 수 없는 절망을 겪고서도 평정심을 유지하며 삶을 지켜갈 수 있기를 소망해 보라. 극치의 절망 속에도 희망은 있다. 희망의 끈을 놓기 전에 삶의 아름다움을 응시하자. 봉순 할매가 그랬던 것처럼.

조금씩 천천히 강해져라,
절망이 놀라지 않도록

음식을 급하게 먹다가 체한 적이 있었다. 단감을 너무 급하게 먹던 나는 단감 조각이 목구멍에 걸려 생사의 기로에 설 뻔했던 아찔한 경험을 한 적이 있었다. 조금 천천히 먹을 걸 하고 후회했지만 머리는 빙글빙글 회전목마에 올라탄 것처럼 어지러웠고 속은 금방이라도 모든 걸 게워 낼 것처럼 메슥거렸었다. 무엇이든 너무 급하게 뭔가를 이루려고 하다가는 부작용을 얻기가 쉽다.

절망에 대한 우리의 자세도 마찬가지가 아닐까 싶다. 절망이 싫다고 무작정 내칠 것이 아니라 우선 우리의 정신을 강하게 만들어야만 한다. 그러나 급하게 서두르지는 마라. 무허가 성형수술을 싼 맛에 급하게 받은 사람들이 눈이 잘 감겨지지 않고 피부가 썩어가는 부작용을 겪는 것을 종종 볼 수 있다.

평소 실력대로만 했어도 메달을 딸 수 있었던 유능한 선수가 너무 급한 마음으로 조급하게 경기에 임한 탓에 예선 탈락 하는 경우도 많이 있다. 어떤 일이든 급하게 서두르는 행동은 대의를 이룰 수 없다는 사실을 알 수 있다.

어떻게 해야 우리의 정신을 강하게 만들 수 있을까. 험난한 세상을 헤쳐나가기 위해서는 유약함을 풍기는 내면의 목소리에 때론 냉정하게 대처해야 한다.

"아, 사는 게 힘들구나. 그만하자. 뭘 그렇게 아등바등 사니. 이제 그만하고 쉽고 편한 일이나 하면서 대강 살자."

경은이는 친구 은정이가 이렇게 말하는 유약한 내면의 목소리에 냉정하게 말한다.

"무슨 소리 하는 거야. 힘들지만 이렇게 열심히 노력하고 사는 게 얼마나 큰 행복인지 아니. 나는 너처럼 약하게 살지 않을 거야. 사명감을 가지고 살아가는 사람은 하루가 다르게 강해지는 법이거든. 너도 힘을 내. 언제까지 그런 나약함에 물들어 있을 거니. 절망할 시간에 우리 일어나서 함께 가자."

그대가 지금 십 대의 푸릇한 젊음을 소유한 사람이든지 80살이 넘은 노인이든지에 전혀 개의치 말고 지금 이 순간부터 새로운 인생을 살아갈 것이라고 다짐하라. 삶은 늘 불안하고 위험한 시한폭탄을 안고 살아가는 것처럼 어느 순간에 펑 하고 터질지 모르는 것이다. 그렇기 때문에 우리는 더욱 강해져야 한다. 스스로를 단련시켜라. 꽁꽁 얼어붙은 얼음물에 몸을 담그고 뜨거운 장작불에 기꺼이 두 손을 집어넣어라. 냉기와 열기를 모두 다 체험하라. 즐거운 것과 괴로운 것 모두 인생을 완성시키는 퍼즐의 일부이다. 당신이 그것들을 더 많이 경험할수록 더 강인해진다는 것은 당연한 일이다. 그러므로 절망적 상황에서도 비극적 상황에서도 그 누구의 힘이 아닌 자신의 힘으로 극복할 수 있으려면 어제보다는 오늘, 오늘보다는 내일 더 강해져야 한다.

보디빌더는 근육을 키우기 위해 혹독하게 자신을 다스린다. 닭가슴살만 먹으면서 하루도 거르지 않고 무거운 운동기구를 드는 그들의 목표는 확실하다. 멋진 근육을 만들고 건강해지겠다는 목표를 가지고 인내심을 가지고 꾸준히 노력한다. 우리의 정신도 강해지려면 혹독하게 다스려 줄 필요가 있다. 매일 조금씩이라도 가혹하다 싶을 정도로 자신을 단련시켜야만 강한 정신을 얻을 수 있는 것이다. 약해지고 어딘가에 의지하고 싶고 때론 포기하고 싶고 어디론가 떠나버리고 싶어도 결국 우리 인생을 책임져 줄 사람은 자기 자신뿐이다.

한 걸음이라도 전진하라. 욕심부리지 말고 조금씩 천천히 내면의 성숙을 위해 노력하라. 바쁘더라도 틈을 내어 명상을 하고 좋은 책을 읽어 긍정적 기운을 정신에게 공급해 주고 가진 것들을 돌아보면서 감사하라.

강한 정신을 소유할 수 있는 방법은 스스로가 강해지는 것이다. 지금 당장은 뚜렷한 변화가 없는 듯 보여도 날마다 조금씩이라도 자신의 정신을 위해 시간과 정성을 투자한다면 언젠가 시련의 폭풍우가 몰아쳐 올 때 그것의 진가가 드러나게 될 것이다.

절망을 배려하는 사람은 강한 정신력을 지니고서 사리 분별을 못하고 이리저리 끼어드는 눈먼 절망을 제어할 수 있는 힘을 가진 사람이다. 당신의 정신이 강철보다 더 강해진다면 이 세상에서 이겨내지 못할 것은 없다. 스스로를 사랑하고 조금씩 천천히 한 걸음 한 걸음 강한 정신의 세계로 걸어가라.

2.
🌿 공포 다스리기 🌿

인간이 두려움에 사로잡힐 때 악마는 목젖이 보이도록 웃으면서 기뻐한다. 그것이야말로 호시탐탐 세상을 분열시키고 공포의 씨앗을 퍼뜨릴 기회를 노리고 있는 악령들에게 절호의 기회가 되기 때문이다. 더 어둡고 습한 구덩이 속으로 순진무구한 인간을 잡아끌어 갈 생각에 수많은 악의 축들이 환호성을 지를 것이다.

우리는 왜 두려움에 사로잡히는가. 가끔 혹은 너무나 자주 죽음에 대하여, 미래에 대하여, 사랑에 대하여 또한 사소한 수많은 것들에 대해 공포를 느낀다. 소름이 돋아난 살갗에 솟아오른 것은 그동안 숨겨온 내면의 공포심들이다. 검은 망토를 휘날리며 평화로운 인간의 세상에 이방인처럼 찾아와서 혼돈과 좌절을 안겨주는 공포에게 더 이상 희생되어서는 안 될 것이다.

그동안 알게 모르게 수많은 친구와 이웃들, 가족들이 공포에게 넋을 빼앗기고 삶의 중심을 내주고 연기처럼 허무하게 사라져 갔다. 이제 더 이상 공포를 두려워해서는 안 된다. 공포와 당당히 맞서서 그의 검은 망토를 벗기고 온순한 한 마리 양으로 만들어 보자.

아무것도 두려워하지 않아도 된다. 당신이 두려워하지 않는 한 공포는 당신에게 아무런 해도 끼치지 못하는 유순한 감정일 뿐이다.

공포=미래에 대한 막연한 두려움

　스산한 어둠이 깔린 폐가를 몇 명의 사람들이 서로의 어깨에 기대어 들어선다. 군데군데 구멍이 뚫린 천장에선 오래전 고여 있던 부패된 빗물이 떨어지고 벽지가 너덜너덜한 낡은 벽에서는 누군가의 손때 묻은 낙서가 백골처럼 하얀 글씨체로 반겨주는 곳. 그들은 약간씩 놀라기도 하고 더러는 까무러치는 듯한 비명을 지르기도 하며 끝까지 폐가 안을 둘러보고 나온다. 식은땀이 나고 파랗게 입술이 변색되었어도 연신 환호성을 지른다.
　언론에 소개된 공포를 즐기는 동호회 회원들의 단면이다. 그들은 일부러 수소문해서 가장 무섭다고 소문난 흉가를 찾아가서 공포를 즐긴다고 한다. 겁이 많은 일반인들이 보기엔 무모하기 짝이 없는 일이 아닐 수 없지만 동호회 회원들에게는 생활의 활력소가 되는 즐거운 체험이다.
　그렇게 시간을 내어 특별한 곳을 찾지 않아도 우리는 생활 속에서 공포의 감정을 느낄 수 있다. 혼자서 밤에 어딘가를 다녀와야 하는데 인적 없는 으슥한 골목길을 지나야만 한다면 나이에 상관없이 약간의 두려움을 느끼곤 한다. 공포심을 이용한 각종 호신용품들이 불티나게 팔리는 요즘 세상은 그만큼 사회가 어지럽고 치안이 허술하다는 증거이기도 하다.

뉴스를 보기가 겁이 날 정도로 온갖 흉흉한 일들이 벌어지고 있다. 그렇다고 해서 밖을 전혀 나가지 않고 실내에서만 생활할 수도 없는 노릇이 아닌가. 특히 부모들의 심정은 더 애가 탄다. 아이를 학교에 안 보낼 수도 없고 학원에 안 보낼 수도 없으니 말이다. 근래에는 아침마다 학교 정문에 아빠 차에서 내리는 학생들이 많이 늘어났다고 한다. 그만큼 두려움이 넘치는 세상이 된 것이다.

그렇지만 그런 일상의 두려움보다 모골이 송연하게 다가오는 것이 있다. 그것은 어떤 공포심일까. 바로 미래에 대한 두려움이다. 자신이 언젠가는 서서히 늙고 언젠가는 치유할 수 없는 병이 들고 언젠가는 죽을 것이라는 미래에 대한 두려움으로 이 시간에도 많은 사람들이 남몰래 공포의 사슬에 묶인 채 사지를 바르르 떨고 있다.

사랑하는 사람이 언제 어떻게 변할지 모른다는 미래에 대한 불안감으로 끊임없이 의심하고 두려워하는 사람들도 많이 있다. 경제가 더 어려워져서 하고 있는 사업이 결국 실패하고 말 것이라는 두려움으로 고통받는 사람들도 꽤 있다.

아직 치르지도 않은 시험결과를 미리 예측하고 두려워하는 학생, 시댁에 가서 겪게 될 명절 스트레스를 미리 예상하고 진저리 치는 주부, 집에 들어가면 어김없이 이어질 마누라의 잔소리를 생각하며 이 노래방 저 술집 돌아다니며 방황하는 남편, 직원들이 일을 열심히 하지 않고 건성으로 할 것만 같은 과도한 상상으로 멀쩡한 부하직원을 괜히 괴롭히는 상사, 늘 이상한 눈초리로 감시하는 듯한 상사가 오늘도 이유 없이 괴롭힐 것 같은 불길한 예감에 아침부터 입맛이 껄껄한 평사원 등.

모두들 앞날에 벌어질 일들을 제멋대로 부풀리고 축소시키고 구부려서 스스로 공포심을 떠안느라 분주하다. 우리를 힘들게 하는 이러한 공포는 미래에 대한 막연한 두려움에 불과하다. 그것은 마치 뿌연 안개 속을 걸어가면서 느끼는 막막한 심정이 아닐까. 그렇지만 이렇게 생각하면 그 막연한 두려움이 조금은 누그러질 것이다.

오늘 벌어진 일이 내일 벌어질 일에 영향을 미칠 수는 있지만 오늘 일은 오늘 일일 뿐이다. 오늘 지독히 나쁜 일이 우리 앞에 펼쳐졌다고 해도 너무 염려하지 말자. 오늘 일은 오늘로써 끝난다. 내일 일은 내일이란 시간 속에서 새롭게 잉태될 것들이므로 미리 겁먹고 전전긍긍할 필요는 없지 않겠는가.

문을 열면 까마득한 낭떠러지가 있을지라도 아직 문을 열지 않았으므로 당신은 매우 안전하다. 미래를 근심거리의 온상으로 만들지 말고 행복한 일들이 펼쳐질 낙원으로 여기면서 살도록 하라. 공포에게 오늘 이 소중한 시간의 일부를 떼어주고 싶지 않다면 가슴을 활짝 펴고 등을 꼿꼿이 세운 다음 용기 있게 모든 일에 대처하여야 할 것이다.

한 치 앞을 알 수 없는 위험한 세상, 하지만 당신에게 또한 무궁한 기회와 성공을 제공할 수도 있는 세계임을 기억하라. 오지를 탐험하는 불굴의 탐험가처럼 미래에 대한 확신을 가지고 앞으로 나아가자. 문을 열어라. 즐거운 미래가 우리를 반겨줄 것이다. 공포는 우리가 만든 가상의 세계일 뿐이다.

공포에 대한 최고의 배려는
현재를 사랑하는 것

"네 생각은 어때?"

"응? 무슨 말이니?"

"방금 우리가 한 말에 대한 네 생각이 듣고 싶어."

"미안. 잠깐 딴생각을 하고 있었어."

숙희는 겸연쩍게 웃으며 긁적긁적 머리를 매만진다.

이런 경우가 있지 않았는가. 아마 살아오면서 이런 경험은 누구나 한 번쯤 있을 것이다. 친구들과 대화하는 도중에 엉뚱한 생각 속으로 빠져들었다가 갑자기 대화내용과 관련된 질문을 받고 당황했던 적이 있는 사람이라면 몸은 현재에 머물고 있지만 생각은 과거와 미래를 초고속으로 왕래할 수 있다는 사실을 잘 알 수 있을 것이다. 몸과 생각은 한곳에 있지만 때론 지극히 다른 세상에서 살아갈 수 있는 대조적인 존재이다.

영화 속 외계인들처럼 둥근 모양의 멋진 우주선을 타고 우주의 끝에서 끝까지 눈 깜짝할 사이에 질주하고 싶다는 듯이 우리의 생각은 현재를 떠나 제멋대로 방황하기를 즐겨한다. 그래서 자주 괴롭다. 우울하고 언짢고 슬프고 짜증 난다. 간혹 무서워지기도 한다. 이 모든 부정적 감정의 원인은 바로 현재에 충실하지 않았기 때문이다.

당신이 지금 수학문제를 푸는 중이라면 그 일에 충실하라. 당신이 지금 보고서를 작성 중이라면 바로 그 일에 모든 정신을 집중하라. 당신이 지금 운치 있는 야외카페에서 점심을 먹고 있는 중이라면 그 일에 몰입하라. 당신이 지금 글을 쓰고 있는 중이라면 글 쓰는 일에 마음을 다하라. 당신이 지금 낮잠을 자려고 하는 중이라면 다른 생각 하지 말고 잠을 자라. 당신이 지금 텔레비전의 오락프로그램을 시청 중이라면 어제 있었던 부부싸움 따위는 깨끗이 잊고 재미있는 코너를 보며 마음껏 웃어라. 당신이 지금 하는 일, 그 일이 현재다.

현재에 몰입하고 현재를 사랑하라. 그렇게 한다면 공포가 당신에게 검은 혓바닥을 들이밀지 못할 것이다. 왜냐하면 현재에 자신을 둘 줄 아는 사람은 공포의 손아귀에 사로잡히지 않을 가장 현명한 지혜를 지닌 사람이기 때문이다.

마음의 평화를 얻고 싶은가. 잔잔한 호수와 같은 온전한 고요를 원하는 사람이라면 어느 시간대에 머물고 있든지 현재에 정신을 둘 수 있어야 한다.

감자를 캐면서 며칠 후에 있을 동창회에 나가 무엇을 할까 딴생각을 하다가 감자가 아닌 자신의 손을 호미로 캐내는 사람, 사업상 만난 파트너와 진지한 이야기를 하는 중에 내일 만날 옛 애인 생각을 하다가 말실수를 하고 사과하느라 진땀을 흘린 사람, 강사가 목이 쉬도록 열강을 펼치고 있는데 '넌 말해라. 난 내 할 일 한다.'는 배포를 드러내면서 이어폰 꽂고 음악 감상을 하는 사람, 줄넘기를 손에 쥐고 몸은 줄을 넘고 있지만 마음속에선 예전에 누군가로부터 받은 상처를 기억해 내는 사람 등.

현재에 생각의 초점을 두지 못한 사람들은 모두 만족한 삶을 영위할 수가 없다. 그중에서도 미래에 대한 암울한 생각으로 현재를 망치는 사람은 공포심을 느끼기 위한 가장 효과적인 방법을 알고 있는 사람이다.

생각이 과거로 가면 괴롭거나 행복할 수 있고 미래로 가면 희망적이거나 두려울 수 있다. 긍정적인 생각이 과거로 가면 행복했던 기억을 끄집어내 회상하므로 행복한 마음이 들겠지만 부정적인 생각이 과거로 가면 괴로웠던 생각을 꺼내어 되새김질할 것이므로 괴로워진다. 긍정적인 생각이 미래로 가면 희망 어린 기대를 하면서 기분이 좋아지겠지만 반대로 부정적인 생각이 미래로 가면 한없이 두렵고 살아가는 것이 죽는 것보다 못하다는 생각이 들 수 있다는 사실을 인식해야 한다.

가장 확실하게 행복해지는 비법 중 하나는 바로 현재를 살아가기 위해 노력하는 것이다. 무슨 일이든 처음에는 어색하고 서툴기 마련이다. 처음부터 완벽한 사람은 이 세상에 존재할 수 없다. 누구나 처음에는 실수하고 부족한 것투성이일 것이다. 현재에 충실하는 것이 정신건강에 좋고 인생의 행복을 보장하는 하나의 방법임을 알고 있다고 하더라도 실천하기는 어렵고 또 망각할 수도 있는 일이다. 그런 자신에 대해 실망하지 말라. 인간은 누구나 그렇다. 머릿속에 알고 있는 것을 현실에 100% 실천한다는 일이 쉬운 일이 아니란 것은 이미 공공연한 사실이다. 그러므로 마음을 비우고 오직 현재의 일에 혼신의 힘을 다한다는 생각으로 살아간다면 자신에 대해 더 많이 만족하게 될 것이다. 쓸데없는 미래에 대한 공포로 인해 현재를 망치는 일을 예방할 수 있게 될 것이다.

오직 현재를 생각하라. 과거와 현재와 미래는 우리를 유혹하는 3명의 아름다운 요부와도 같다. 과거는 성숙하고 농염한 자태로 우리에게 현재를 버리고 자신의 해묵은 침실로 오라고 유혹한다. 현재는 참신하고 생기 있는 미소를 지으며 우리를 붙들며 미래는 뽀얀 가슴을 드러낸 채 알 듯 말 듯 모호한 표정으로 신비감을 드러내며 자꾸만 우리를 손짓한다. 어떤 이의 손을 잡고 하룻밤을 보낼 것인가는 각자의 선택사항이다. 기억해야 할 것은 과거와 미래의 손을 잡고 이부자리에 들어가는 순간 현재는 처참히 버림받는다는 사실이다.

현재를 울리지 마라. 그녀가 울기 시작하면 삶은 덩달아 혼란스러워질 것이다. 오직 현재를 사랑하는 일은 그러므로 스스로에 대한 사랑의 표현이 될 수 있다. 공포심을 다스리는 데 이보다 좋은 방법은 없을 것이다. 현재를 사랑하는 것이 공포에 대한 최고의 배려다.

'공포'란 흉기에 찔리지 마라

행복을 정의하는 수많은 글들, 행복을 얻는 방법을 알려주겠다면서 열변을 토하는 교수들, 행복은 그냥 사는 것 자체라는 무던한 사람, 행복을 생각하지 않는 게 행복이라는 단순한 사람.

행복이란 명제에 대해 세상 사람들은 저마다 한마디씩 하고 싶어 한다. 서점에 가면 행복에 관한 좋은 책들이 곳곳에 꽂혀 있고 많은 이들은 행복해지는 비밀을 알고 싶어 하면서 각종 종교에 심취해 보기도 하고 스스로 행복을 찾아서 여행을 떠나기도 한다. 그만큼 인간에게 행복이란 것은 살아간다는 것만큼 중대한 문제이다.

단순히 살기 위해서 산다면 그것은 고차원적 사고를 지닌 인간적 삶이 아닐 것이다. 조금이라도 인생에 대해 고민한 사람이라면 인간은 행복을 얻기 위해 산다고 누군가 단언해도 손을 내저으며 강하게 부정하지 않을 것이다. 어떻게 하면 조금이라도 더 행복한 인생을 살까를 고민하지 않는 사람이 있을까. 행복을 원하는 당신이라면 이제 두려움에 사로잡힌다는 일이 이미 취득한 행복을 빼앗아 가거나 혹은 원천적으로 차단하는 위험한 일이라는 것을 알아야만 한다.

왜 우리는 두려움에 사로잡히면 행복해질 수 없는 것인가. 두려움이란 공포에 찌든 마음이다. 공포에 붙잡힌 채 빠져나오려고 몸부림치지도 않고 그 그물에 갇혀서 무의미한 비명만 지르고 있는 무기력한 상태이다. 두려움은 인간의 마음을 황폐화시키기에 충분하다. 그 원인이 무엇이든지 간에 염분이 철을 산화시키듯이 두려움은 인간이 지닌 고고한 이상과 꿈을 향한 푸르른 열정을 형체도 없이 녹슬게 만들어 버릴 수 있다.

일어나지도 않은 일에 대해 공포심을 느끼고 불특정한 다수에 대해 과다한 상상으로 그들을 괴물 내지는 더 이상 상종하지 못할 인간들로 규정지은 후 혼자서 마음껏 두려움에 떠는 경우가 있다. 혹은 특정한 한 사람에게만 알레르기 반응을 보이듯이 두려워하는 사람도 있으며 현재를 두려워하는 사람도 있고 심지어 과거를 두려워하는 사람도 있다.

마음이 안정될 수 없는 상태가 이어지고 흰개미가 거대한 나무를 갉아 먹듯이 두려움은 사람을 야금야금 갉아 먹는다. 두려움에 사로잡힌 사람은 결코 행복해질 수가 없다. 행복이란 무엇인가에 대해 수많은 철학자, 사상가, 문학가들이 해답을 제시하고 있지만 여기 또 다른 시각에서 바라본 행복의 정의는 이러하다.

행복한 인생은 두려움과 공포에 사로잡히지 않는 것이다. 당신에게 총명한 두뇌가 있는 한 두려움은 언제라도 찾아올 것이다. 그것은 마치 생명이 있는 것에게 죽음이 찾아오는 것과도 같은 순리이다. 거역할 수 없다면 즐겨라. 두려움이 당신을 찾아오면 무조건 고개를 저으며 외면할 것이 아니라 그를 설득시키고 이해시켜서 변화시키면 될 것이다.

새벽시간이라 손님도 거의 찾지 않는 외딴 편의점. 싸늘한 냉기가 파고드는 늦가을 주택가 골목길 외진 곳에 위치한 조그만 편의점에 강도가 들었다. 여직원은 강도가 내민 예리한 흉기에 약간 놀랐다. 하지만 곧 침착하게 강도에게 말을 걸었다.

"오빠가 원하신다면 돈을 드릴게요. 그런데."

"잔말 말고 돈이나 내놔!"

이십 대 후반으로 보이는 강도는 험악한 표정을 지으며 소리쳤다. 그의 붉은색 체크무늬 셔츠에 묻은 얼룩들이 덩달아 인상을 찌푸렸다. 어딘지 모르게 불안해 보이는 강도는 그것을 감추려는 듯 더 큰 소리로 여직원에게 위협을 가했다.

"살고 싶으면 얼른 내놔. 신고하면 가만 안 둘 거야!"

살기등등한 강도의 목소리가 계산대 위에 핏방울처럼 뿌려졌지만 여직원은 아랑곳하지 않고 솜사탕보다 더 부드러운 목소리로 말했다.

"그런데 오빠는 저희 오빠를 많이 닮았네요. 돈은 여기에 있어요. 저희 오빠도 오빠처럼 얼굴도 호감형이고 키도 크고 정말 좋은 사람이었어요."

그때 강도는 위협적인 말투를 버리고 부드러운 투로 짧게 물었다.

"오빠가 있었다고? 그럼 지금은 어떻게 되었는데?"

"저희 오빠는 백혈병으로 투병하다가 하늘나라로 떠났어요. 부모님을 일찍 여의고 오빠랑 저는 단둘이 살아왔어요. 오늘이 오빠 기일이에요. 벌써 1년이 되었네요. 오늘 밤에는 오빠가 좋아하던 초콜릿케이크를 사가지고 찾아가려고요."

"나도 초콜릿케이크 좋아하는데 아가씨 오빠와 난 비슷한 점이 많았나 보군."

강도는 흉기를 접어서 가방에 넣어두고 의자에 털썩 앉았다. 붉은색 체크무늬 셔츠에 묻은 얼룩들이 주인 몰래 안도의 한숨을 내쉬었다.

"오빠, 컵라면 하나 드세요. 출출하실 텐데. 다 먹고살자고 하는 일 아닌가요. 저랑 같이 라면 먹어요."

"훗."

강도가 가볍게 웃었다. 강도는 김이 모락모락 나는 컵라면을 건네받고서는 한참 그것을 만지작거리며 무슨 생각에 젖는 듯했다. 잠깐이었지만 그의 눈에 물안개 같은 물기가 어렸다. 여직원과 강도는 마주 앉아 컵라면을 먹으면서 이 이야기 저 이야기를 나누었다. 멀리서 보면 다정한 오누이 사이처럼 여겨질 정도로 스스럼없이 대화하면서 가끔은 웃음소리도 흘러나왔다. 라면을 다 먹을 즈음 강도는 여직원에게 라면값을 지불하였다.

"정말 오랜만에 맛있게 라면을 먹었어. 고마워. 너처럼 좋은 동생이 있었던 오빠는 하늘나라에서 행복할 거야."

"오빠, 라면은 제가 사드리는 거예요."

여직원은 돈을 강도에게 되돌려주었다. 그리고 진심 어린 마음으로 말했다.

"오늘은 제가 오히려 감사한 날이네요. 좋은 오빠를 알게 되어서요."

여직원은 전혀 동요하지 않고 위기상황에 침착하게 대응함으로써 자신은 물론이고 강도까지도 마음의 안정을 얻을 수 있게 했다. 공포를 우리를 찾아온 강도라고 생각하고 우리는 저 여직원이라고 가정하자.

어느 날 공포가 날카로운 흉기를 들고 난데없이 찾아온다. 그 흉기에 찔리면 심각한 내상을 입어 삶의 치명적 상처를 입을 수도 있다. 우리는 여직원처럼 공포에게 다정다감한 자세를 보여주어야 한다. 윽박지르고 고함질러서 쫓아내려고 하다가는 오히려 흉기에 찔리고 말 것이다.

행복한 인생이란 거창한 게 아니다. 당신이 공포 등의 불합리한 감정에 속박되지 않고 자유롭게 생을 영위하는 것이다. 두려움에 사로잡히지 않게 스스로를 조절하라. 불쑥 찾아온 두려움이란 강도에게 온화한 인간애를 보여주어라. 두려움을 두려움에 사로잡히게 하는 것은 무엇인가. 아무리 거친 협박과 공갈에도 굴하지 않고 자신이 할 일을 끝까지 책임지고 완수해 내는 올곧은 삶의 자세일 것이다.

공포는 죽음보다
더 강한 감정을 지니고 있다

오늘도 한 시대를 풍미한 유명 코미디언이 우리 곁을 떠났다. 그의 몸짓을 보면서 즐거워했던 기억이 아직도 생생한데 믿기지 않는 일이었다. 방송에서는 그가 생전에 왕성하게 활동했던 모습을 보여주면서 추모했다. 그의 익살스러운 연기를 보면서 다시 웃어보려고 하지만 왠지 웃음보다는 눈물이 고였다.

이런 소식을 들을 때마다 가슴이 아프고 슬프다. 그리고 애틋함에 눈시울이 젖는다. 특히 누군가의 아픔에 대해서 민감하게 반응한다. 그들이 죽었다면 그 슬픔의 강도는 더 강할 것은 당연한 일이다.

얼마 전에는 한류스타가 자살로 생을 마감했다. 또 그 얼마 전에는 많은 사랑을 받던 스포츠 스타가 사고로 우리들 곁을 홀연히 떠났다. 그리고 더 많은 이들이 지금 이 순간에도 육신의 허물을 벗고 생을 마무리하고 있다. 남은 자는 떠난 자의 뒷모습을 보면서 안타까워하고 아쉬워한다.

언뜻 보면 인간은 그렇게 덧없이 사라져 가는 것이 숙명인 듯싶다. 죽음 앞에서 우리는 한없이 작아지고 초라해질 것이다. 얄궂게도 운명은 자신의 죽음을 맞이하기 전에 필연적으로 가족들, 친구들, 이웃들의 죽음을 겪어내도록 예정되어 있다.

누구도 드러내 놓고 그런 이별을 겪어야만 한다고 공공연히 떠들고 다니지는 않지만 살아가다 보면 어느 날 갑자기 그림자처럼 늘 곁에 있던 사람들이 붙잡을 사이도 없이 한 명 두 명 떠나가기 시작한다. 그리고 영원히 돌아오지 않는다. 그래서 우리는 죽음을 두려워하고 종말을 극도로 경계한다.

"곧 지구가 멸망할 거야."

이 예언은 수 세기 전부터 심약한 지구인들을 공포에 몰아넣었다. 노스트라다무스에서 고대 마야인에 이르기까지 충격적인 종말론은 그런 것에 애초에 관심이 없던 사람들까지도 흔들리게 했다. 세기말에는 절정에 다다라서 많은 사람들이 두려움을 이기지 못하고 종말 예정일이 되기도 전에 스스로 생을 마감했다.

"그들을 죽음에 이르게 한 것은 종말이 아니라 종말에 대한 공포였어. 그런 면에서 본다면 공포는 죽음보다 더 강한 힘을 지닌 감정일 수도 있지. 살아 있는 자를 산 채로 매장시키는 것이 공포의 신비한 재주거든."

1999년 많은 이들이 종말이 올 것을 기대하거나 두려워하면서 그 날을 기다렸다. 하지만 종말과 비슷한 일도 일어나지 않았고 2000년 1월 1일의 태양이 찬연히 떠올랐다.

"너희들 무슨 일 있었니?"

멀쩡한 표정으로 2000년의 새날이 시작되자 종말론을 믿고 전부를 걸었던 수많은 이들이 허탈해할 수밖에 없었다.

그렇다면 이제 지상에서 종말론은 말끔하게 자취를 감추었을까. 아니다. 이제 시기를 늦춘 새로운 종말론이 또다시 사람들의 입에 회자되기 시작하고 있다. 만일 그날 또 아무런 일도 일어나지 않는다면 인간의 속성상 다른 종말 날짜를 만들어서 두려움을 불러들일 것이다.

자신을 진실로 아끼고 사랑한다면 이 진리에 대한 깊은 사유를 하여야 할 것이다. 모든 존재는 언젠가 사라진다는 진리를 묵상하라. 그리고 영어단어를 암기할 때처럼 되뇌고 또 되뇌어라. 반복하고 또 반복해서 이 진리를 가슴속 깊숙이 각인시켜 놓아라. 얼핏 들으면 허무함을 배가시키고 영혼을 무력하게 만드는 것처럼 들리는 말이지만 "모든 존재는 언젠가 사라진다."는 말은 그 반대의 효과를 당신에게 줄 것이다.

이 말의 깊은 속뜻을 헤아리게 된다면 죽음에 대한 공포로부터 온전히 벗어날 것이며 쓸데없는 소유욕에 의한 욕망과 탐욕으로부터 홀가분하게 해방될 것이다. 그리고 더 진지하게 삶을 바라보게 되는 시야를 확보하게 되고 생명 있는 것들의 소중함을 진실로 깨닫게 될 것이다.

"모든 존재는 언젠가 사라진다."는 이 말을 보석처럼 간직해야 한다. 인간이 사라진다는 것은 무가치한 것으로 순식간에 전락한다는 것을 의미하지 않는다. 죽음은 살아 있음의 끝이 아니라 새로운 생명을 탄생시키고 더 온전한 영혼의 세계로 이동하는 극적인 순간이다.

이 말의 의미를 이해한 사람은 더 이상 지구가 종말한다거나 자신의 죽음이 임박한다고 해서 두려움에 떨며 삶을 낭비하지는 않을 것이다. 왜냐하면 그는 이미 진리에 대한 깨달음을 얻은 현명한 사람이기 때문이다. 오늘 당장 먼 우주의 어디에선가 길 잃은 소행성이 날아와 지구가 반 토막이 난다고 해도 걱정할 것 없다. 모든 존재는 언젠가는 사라진다는 것은 밤이 되면 어둠이 몰려들고 아침이 오면 태양이 떠오르고 바람이 불면 꽃잎이 떨어지듯이 자연스러운 일이기 때문이다.

플라타너스잎 위에 머물던 새벽 별빛이 햇살에 소스라치게 놀라 증발하는 것처럼 일상적인 일이 사라짐이다. 죽음조차도 두려워하지 않는다면 당신은 어떤 것에도 호락호락 농락당하지 않을 것이다. 세상의 모든 형체들은 분명히 사라진다. 언제 어디에서 사라질지는 아무도 모르는 우주의 비밀이다. 존재의 소멸에 대해 인정하라. 고개를 끄덕거리면서 그 불멸의 진리를 뜨거운 심장의 중심에 받아들여라.

그대는 무엇이 무서워
그렇게 망설이는가

    무엇인가를 이루기 위해서 반드시 해야 할 일이 있다. 맨발로 밖에 나갈 것이 아닌 이상은 외출을 하려면 꼭 겉옷을 걸쳐 입고 신발을 신어야 하듯이 일단 그 일을 시작하여야 하는 것이다. 세상에는 이루고 싶은 것은 있지만 그 일을 시작하는 것 자체를 두려워하면서 망설이고 있는 이들이 의외로 많이 있다.
    두려움이란 죽음이나 고통에만 국한된 것이 아니다. 어떤 일을 하기 전에 앞으로 나아갈 용기를 내지 못하고 시작도 하지 못하는 지극히 소심한 마음 또한 공포의 일부분이다.
    무엇이 무서워 그렇게 망설이는가. 당신이 하고 싶은 일들을 망설이는 이유가 무엇인지 생각해 본다면 그것은 애매모호한 공포일 경우가 많다. 애매모호한 공포란 명확하지 않은, 실재하지 않은 가상의 공포라는 뜻이다. 비누거품으로 만든 풍선처럼 금방 사라질 것을 알고 있지만 단 몇 초 동안은 어엿한 존재로서 시선을 사로잡는 그

애매모호하고 허무맹랑한 공포로 인해 오늘 금쪽같은 시간을 허비하고 있는 것은 아닌지 자문해 보라. 하고 싶은 일 앞에서 망설이는 것은 꿈을 향해 달려가려는 자신의 다리를 스스로 붙들고 있는 것과 같다.

시작하라. 망설이는 시간이 길어지면 길어질수록 성공이나 행복은 저 멀리 달음질쳐 갈 것이다. 이 일만은 꼭 해내고 싶다는 일이 있는가. 그 일의 간절함을 절절하게 느꼈다면 당신에게 그 일은 하늘이 내려준 소명이며 자신의 가치를 증명해 낼 수 있는 최고의 일이 될 가능성이 높다. 그렇다면 치근덕거리는 괴한처럼 찐득찐득하게 들러붙어 대는 망설임을 떨쳐낼 수 있는 좋은 방법이라도 있는 것일까.

우리는 서로의 등을 두드려 주며 격려해 주어야 한다.

"힘내. 친구야. 넌 그 일에 충분한 자질이 있어. 한번 해봐. 도전하는 네 모습을 보고 싶다."

그렇게 서로가 서로의 등을 누가 먼저랄 것 없이 수시로 토닥거려 준다면 큰 위로가 되어줄 것이다. 그렇지만 무엇보다도 인생은 스스로 일어서야 더 의미 있을 것이다. 참다운 삶의 주인공은 수렁에 빠진 자신을 그 누구의 도움 없이도 거뜬히 건져낼 수 있는 사람이다. 흙투성이 발을 **빼내줄** 그 누군가를 추레하게 기다리는 것은 멀쩡한 어른이 입을 벌리고 수저로 누군가 밥을 먹여주길 기다리는 것과 같다. 두려움과 망설임을 극복하는 일은 자신과의 싸움이다.

망설임을 떨쳐내고 하고자 하는 일을 시작할 수 있는 사람은 자기 자신이다. 누구나 일상생활 속에서 그런 연습을 할 수 있다. 바로 소소한 일에 도전해 보는 것이다.

한식만 고집스럽게 먹어오던 사람이 어느 날 스파게티를 요리해 보기로 마음먹었다. 대단한 도전을 한 것이다. 물론 약간의 두려움이 슬금슬금 다가올 것은 충분히 예상할 수 있는 일이었다. 그는 혼자 중얼거렸다.

"스파게티 면을 삶을 때 어떻게 해야 하지. 그 흔한 국수도 안 삶아본 네가 어쩌려고. 소스는 또 어떻게 만들어? 양념간장 한 번도 만들어본 적도 없잖아. 이런 완전 초보구만. 그냥 익숙한 김치찌개나 먹지. 뭐 새삼스럽게 스파게티를 만들겠다고 하는 거니?"

그는 이렇게 주눅 들게 만들고 망설임을 유도하는 마음속의 목소리도 듣는다. 하지만 다른 한편에서는 이런 마음속의 목소리도 들린다.

"정말 새로운 맛이겠다. 참 좋은 생각이야. 직접 스파게티를 만들어 보는 경험은 즐거운 일일 거야. 면이 잘못 삶아지고 소스가 맛이 없으면 좀 어때. 처음엔 다 그래. 도전한다는 게 더 의의가 있잖아. 한번 해보렴. 색다른 맛의 세계를 느끼게 될 거야."

그가 만든 스파게티가 이웃집 강아지도 못 먹을 만큼 엉망진창이었든 아니면 일류 요리사의 것을 능가할 정도로 맛이 있었는지에 상관없이 그의 도전은 성공이다. 그는 도전에 대한 스스로의 공포심을 이겨낸 위대한 승리자이기 때문이다. 인간을 나약하게 만드는 것은 주위의 소나기 같은 비난도 아니고 공포심의 무지막지한 협박도 아니다. 오로지 자신이 만든 마음의 장벽이다.

무서워하지 말고 도전하라. 당신이 꿈꾸는 세상은 당신이 오기를 기다리고 있다. 그 누구보다 용감하고 지혜로운 당신이 자질구레한 훼방꾼들 특히 두려움이란 녀석을 물리치고 씩씩하게 찾아오기를 오늘도 기다리고 있는 중이다.

절벽을 오르려면 과감하게 위험을 각오하고 절벽의 단면을 디디고 올라서야 한다. 오르다가 실수로 인해 떨어지면 어떠랴. 당신이 절벽을 오를 것을 원했다면 그 죽음은 어느 전사의 죽음보다 더 장렬한 것이다. 죽음보다 더 절망스러운 것은 공포에 질려 어떤 일도 시도해 보지 못하고 그 자리에 화석처럼 멍하니 굳어 있는 것이다. 생동감 있게 살아 움직여라. 그리고 무서워하지 말고 목표를 향하여 걸어가라. 당신이라면 해낼 수 있다.

한낱 스쳐 지나가는
감정일 뿐인 '공포'

　대기권 밖에는 통신과 기상관측 그리고 군사적 목적을 위해 쏘아 올린 인공위성들이 지금 이 순간에도 지구의 주위를 착실하게 맴돌고 있는 중이다. 우리의 시야에 선명하게 들어오지는 않지만 인공위성의 존재는 확실하다. 인류에게 통신의 편리를 제공해 주고 날씨에 대한 예측을 가능하게 해주고 또한 비상시에는 적군의 동태를 파악하게 해주기도 하는 인공위성은 저 먼 우주공간에서 인간에게 여러 가지 좋은 점을 제공해 준다.
　그러나 인공위성을 악의적으로 이용하게 되면 그것은 인류를 불행의 늪에 빠트리는 원흉이 될 것이다. 지구의 몰락을 원하는 어느 별나라의 못된 외계인들이 인공위성을 사용해 세세한 정보를 수집한 다음 지구침략의 발판으로 삼을 수도 있을 것이고 다른 나라의 정보를 이용해 자국의 이익을 추구하려는 음험한 지도자도 있을 것이다.
　인간의 감정도 마찬가지이다. 감정이 인간의 주변을 빙글빙글 돌고 있는 인공위성이라고 생각해 보자. 기쁜 감정, 슬픈 감정, 두려운 감정 등 갖가지 감정의 인공위성들은 늘 당신의 주위에 머물고 있다. 그리고 원하든 원하지 않든 그 감정에 대한 정보들을 수집해서 당신에게 수시로 송신해 준다. 빛의 속도보다 빠르게 초고화질로 선명하게 보내주는 그것으로 인해 마음은 한시도 고요할 날이 없는 것이다. 그래서 슬프고 기쁘고 두렵고 절망적이고 우울하고 따분하다는 감정들이 뇌에 두텁게 인식된다.

감정의 인공위성이 보내온 정보들이 모두 이로운 것만은 아니다. 유능한 미모의 첩보원은 정보를 선별해서 수집한다. 아무 정보나 닥치는 대로 모아서 지루하게 상부에 보고하는 미련한 첩보원은 없을 것이다.

"여기는 비제이, 방금 케이케이가 화장실에 들어가서 볼일을 보고 나왔습니다. 표정이 꽤 어두운 걸 보니 변비가 심한 모양입니다. 어떻게 처리해 줄까요?"

이런 첩보원이 있다면 당장 소환명령이 내려질 것이니 말이다. 유용하고 긍정적인 감정들을 선별해서 수용해야 하는 것은 아주 중요한 일이다. 그리고 가치가 있는 일이기도 하다.

숱한 감정들, 때로는 나락에 떨어지는 것 같은 자괴감과 절망감을 안겨주는 감정, 때로는 하늘을 독차지하고 대지를 뚫고 솟아오를 것 같은 환상적인 즐거움을 안겨주는 감정들 중에서 주목하고 선별해 내어야 하는 감정이 있다. 바로 공포다. 공포는 여러 감정들 중에서도 특히 인간에게 무력감을 불러일으키는 존재다.

"요즘 이상하리만치 기운이 없어. 왜 이러지? 뭔가 하고 싶은 마음이 들긴 하는데. 막상 하려고 하면 도무지 의욕이 생기질 않네. 병이 있는 걸까?"

이런 생각이 든다면 그것은 병이 있거나 영양이 부족하기 때문이 아니라 공포에 휘둘려 있기 때문일 가능성이 높다. 공포라는 감정은 우리의 의지를 갈가리 조각내는 예리한 칼날이다. 그것에 찔리면 위험하다. 그리고 내상이 깊어질 수 있다. 회복기간도 오래 걸릴 것이고 후유증으로 영원한 의욕상실이라는 달갑지 않은 증상을 수반한다.

자, 공포가 좀 대단해 보이지 않는가. 그렇지만 공포도 역시 감정에 불과하다. 마음 푹 놓고 안심하라. 인생이라는 우주공간에 존재하는 숱한 감정 인공위성 중의 하나에 지나지 않는 것이다.

오늘 당신이 뭔가를 하고 싶다면 공포의 가시 돋친 목소리에 놀라서 중심을 잃고 표류하거나 흔들리지 말고 자신의 의도대로 행동하라. 삶은 연인의 입맞춤보다 더 짧고 유한하며 꿈결처럼 아득히 멀어져 가고 있다. 무엇을 할까, 만일 하다가 뜻대로 되지 않으면 어떻게 하지, 그렇게 출발을 머뭇거리다가는 어느새 인생의 황혼 녘에 다다를 것이다. 시간은 우리를 기다려 주지 않을 것이라고 지속적으로 말하고 있지 않은가.

공포도 한낱 감정에 불과하다. 감정은 언제나 마음속에서 생성되는 것임을 기억하자. 그 마음의 지배자는 누구도 아닌 자기 자신이다.

친구야,
그렇게 벌벌 떨지 마

 너는 언제나 나에게 삶의 기쁨과 안식처가 되어주었지. 네가 이 세상에 있어서 난 참 행복해. 고맙다. 친구야. 내 이름은 백정미야. 흰 백, 곧을 정, 아름다울 미. 이 이름을 기억하렴. 난 네가 힘들 때마다 나타날 친구니까. 날 모른다고 말하지는 마. 우린 한 번도 육체의 눈으로 서로를 바라본 적은 없지만 영혼의 눈으로 서로의 속살까지 바라본 사이니까. 난 너를 잘 알아.
 어둠이 내린 한여름 밤 창밖에서는 이름 모를 새가 서럽게 울고 있구나. 마치 네가 나 몰래 뒤돌아서서 흐느끼던 것처럼 구슬픔이 가슴을 마구 치는 그런 소리야. 새소리가 저렇게도 처량하게 들릴 수도 있다는 것은 새삼스러운 일인 것 같다. 어쩌면 저 새는 매일 밤 저렇게 울고 있었는지도 모르지. 오늘 밤 내 귀가 갑자기 청력이 향상되어서 듣게 된 것은 아닐 것이고 아마 너를 생각하다가 보니 애처롭게 울어대는 저 새의 울음소리가 더 또렷이 들려오나 보다.

시원한 바람 한 줄기 불어오지 않는 이 밤은 1년 중 가장 뜨겁다는 절기 중 하나인 말복이구나. 그러고 보니 오늘 낮 기온이 34도 이상을 기록했다는 뉴스를 방금 전에 본 것 같다. 계절은 한 치의 오차도 없이 봄이 떠나면 여름이 오고 가을이 오고 겨울이 오고 그러다 다시 봄이 돌아오는구나. 이렇게 더운 날이면 그런 생각이 들어. 봄이 가면 그냥 가을이 오면 어떨까. 여름은 사람을 뜨겁게 달구어서 땀 나게 하고 쉽게 피로하게 만드는 쓸모없는 계절인 것 같거든. 그렇지만 이 여름이 없다면 맛있는 사과나 포도, 수박 그리고 탐스럽게 여문 곡식들을 기대할 수 없다는 사실을 알아. 그래서 역시 여름은 뜨겁고 땀띠 나게 더워야 가을에 풍년이 든다잖아.

여름엔 더워서 힘들고 겨울엔 추워서 힘들지만 두 계절이 없으면 그만큼 인간에게 그리고 자연에게도 손실이 많을 것이기에 사계절이 있다는 건 무척 고마운 일인 것 같아. 친구야. 요즘 네 모습이 고양이에게 몰린 생쥐처럼 불안하고 서글퍼 보여. 무엇이 너를 그렇게 위태롭게 내몰고 있는 것인지 자세히 알 수는 없지만 그래도 난 네가 힘겨워할 때마다 가슴이 철렁 내려앉아. 여름과 겨울처럼 우리들의 삶에도 삶아질 것처럼 뜨겁게 혹은 동사할 만큼 차갑게 생긴 여러 가지 어려운 일들이 찾아와. 그렇지만 그 일들이 여름처럼 훗날 더 좋은 열매를 맺게 해주고 겨울처럼 치열한 삶의 열기를 식혀서 더 나은 결과를 불러들이는 행운의 일들이 될 거야.

난 더위에 유난히 약한 체질이란다. 더운 건 참을 수가 없어. 하지만 살다 보니 참는 것도 더위를 이겨내는 비법 중의 하나라는 걸 깨닫게 되었어. 견딜 수 없는 일들도 내면의 인내심을 길러서 대처하다 보면 어느덧 견딜 수 있는 일이 되었어.

년 어때? 너도 더울 때 나처럼 힘드니? 아니면 추위에 약하니? 사람마다 체질이 다르듯이 시련을 이겨내는 것도 공포에 대응하는 것도 각자 다를 거야. 그래도 공통점이 있다면 스스로를 아끼고 사랑하는 마음을 지니고 갈퀴처럼 파고드는 난관들을 의연하게 극복해 나가는 것이겠지.

친구야, 떨지 마. 그렇게 구석진 곳에서 웅크리고 있는 네 모습은 내가 알고 있던 너의 진짜 모습이 아니잖아. 너는 오월의 햇살보다 더 명랑하고 만화 속 주인공보다 더 용감하고 제국의 황제보다 더 고고하고 기품 있는 사람이란 걸 알아. 무섭다고 하면 더 무서운 게 세상이야. 반면에 재미있고 살 만하다고 하면 더 재미있고 살 만한 게 또 세상이란다. 무엇을 그렇게 걱정하고 염려하니? 너는 세상을 다 소유한 사람인데. 너에겐 우주의 모든 영험한 에너지가 축적되어 있어. 친구야. 넌 이 세계의 중심이야.

앞으로는 네가 공포로 인해 떨 게 아니라 공포가 너를 숭배하고 우러러보게 될 거야. 그만큼 너는 대단한 잠재능력을 지니고 있는 귀한 사람이란다.

사랑하는 친구야, 여름밤이 깊어가는구나. 이 글을 쓰기 시작할 때부터 울고 있는 저 신원미상의 새는 참 꾸준한 간격으로 제 울음소리를 내 귀에 던져주고 있어. 그것이 제 할 일임을 알기 때문일 거야. 우리도 우리 할 일을 하면서 멋지게 살아가자. 설령 우리 앞에 있는 것들이 스치기만 해도 피가 난다는 매서운 가시넝쿨과 사람의 발길이 닿지 않은 밀림의 오지라고 하더라도 말이야. 가치 있는 삶은 그냥 만들어지지 않아. 고난의 크기가 크면 클수록 더 찬란한 영광이 다가온단다.

살아 있다는 사실 하나만으로도 내게 무한한 행복을 주는 친구야, 오늘 밤에는 구석진 곳에서 움츠리고 있거나 은사시나무처럼 남모르게 떨지 않기야. 넌 혼자가 아니란다. 네 친구인 내가 있잖아. 항상 기억하렴.

좀 틀리면 어때?
그렇다고 인생이 끝나는 건 아니잖아

 국어시간에 나는 이런 일을 겪은 적이 있었다. 책을 읽는 순서를 기다리면서 하필 불길하게도 이런 생각이 자꾸만 들었다.
 '혹시라도 한 글자라도 잘못 읽으면 창피할 텐데. 실수하면 친구들하고 선생님이 날 비웃을 거야. 아휴. 잘 읽을 수 있을까. 왜 이렇게 떨리지. 오늘따라 이상하게 꼭 틀릴 것만 같단 말이야.'
 그런 생각이 자꾸만 드는 걸 도무지 막을 수가 없었다. 그리고 드디어 차례가 되어 자리에서 엉거주춤 일어나 책을 들고 어쩐지 부들부들 떨려오는 입술로 읽었다. 아니나 다를까. 몇 줄 읽지도 않았는데 컥 하고 성대가 막혀버렸다.
 이는 방금 전에 한 생각이 극약처럼 혓바닥을 마비시켰기 때문이다. 어이없게도 평소에는 아무 어려움 없이 술술 잘 읽던 글을 더듬거리며 심하게 틀리게 읽고 만다. 친구들이 여기저기서 키득거리는 소리가 유난히 귓가에 크게 들린다. 고춧가루를 뿌린 듯 얼굴이 화끈거리면서 달아오른다. 고개를 푹 숙이고 자리에 앉는다. 선생님 얼굴을 볼 수도 없고 친구들과 눈을 마주칠 수도 없다. 무엇보다 자신에게 면목이 없어진다. 왜냐하면 이 실수를 예감하고 그 예감대로 행동한 건 자신이라는 사실을 누구보다 더 잘 알고 있기 때문이다.

나도 위의 경험을 한 적이 한 번 있었다. 국어를 모든 과목 중에서 가장 좋아하고 성적도 가장 뛰어났던 내가 그런 실수를 했다는 게 지금도 아리송하지만 사실이다. 원래 목소리도 크고 또박또박 책을 잘 읽는 나였다. 그날따라 그런 알 수 없는 공포심이 들었다. 그것은 두려움이었다. 실수할까 하는 두려움이 국어성적이 가장 우수했고 반에서 책을 가장 잘 읽던 사람을 그렇게 한순간에 한심한 말더듬이로 만들어 버렸던 것이다. 그 사건은 이런 교훈을 주었다. 실수할까 두려워하게 되면 틀림없이 실수하게 된다. 무엇인가에 대해 두려움을 느끼고 움츠러들면 그에 상응하는 결과가 생긴다.

그때 이 사실을 미리 알았더라면 처음 그 생각이 들었을 때 가볍게 코웃음 치면서 공포를 이렇게 타일러 보냈을 것이다.

"그 일은 일어나지 않을 거야. 만일 그런 일이 일어난다고 해도 난 괜찮아."

이를 풀어보자.

"책 좀 틀리게 읽으면 어떠리. 그렇다고 인생이 끝나는 건 아니잖아. 그런 일은 일어나지 않을 거야. 난 굉장히 똑똑한 애거든. 만일 오늘 컨디션이 조금 안 좋아서 몇 글자 틀리게 읽는다고 해도 뭐 어떠하리. 난 여전히 국어를 좋아하고 국어성적도 상위권인데. 공포야. 그런 일로 날 미혹시키려 하다니 어리석구나. 난 그런 실수쯤은 가볍게 이겨낼 수 있는 대범한 사람이야."

요즘 당신을 괴롭히는 무엇인가가 있는가. 말 못 할 고민으로 밤마다 잠 못 들고 새벽녘까지 홀로 쓰디쓴 술잔을 기울이고 있는가. 혹시라도 그 고민의 주제가 어떤 일이 일어날까 걱정하는 것이라면 이제 당신은 고민할 필요가 없다. 왜냐하면 그 일은 일어나지 않을 것이니까. 그리고 만일 일어난다고 해도 괜찮으니까 말이다. 왜 괜찮을까. 그 이유는 당신이 그 일이 일어난다고 해도 괜찮다는 여유와 자신감을 가질 것이기 때문이다. 그런 자신감을 가질 수 있는 방법은 두둑한 배짱을 지니는 것이다.

정말 일어나지 않았으면 하는 일이 일어난다고 해도 얼마든지 감당해 낼 수 있다는 배짱을 키워야 한다. 비극이나 실패나 꺼림칙한 일이나 모두 마찬가지다. 만나기만 하면 당신을 상처 내는 철천지원수라도 기꺼이 대면해 주겠다고 배짱을 지녀라. 피하기만 하면 지는 것이다. 그것이 일이든 사람이든 상황이든 결과가 어떻게 되든지 개의치 않고 최선을 다하면 소심했던 과거가 자취 없이 사라질 것이다.

적극적으로 문제에 대처하라. 문 뒤에 서서 누군가가 대신 침입자를 처치해 주기를 바라는 것은 운명에 대해 부끄러운 일이다. 대범하고 적극적인 태도로 배짱을 지니고 하루하루 성실하게 살아간다면 미래에 일어날 불길한 일에 대해 더 이상 겁먹지 않게 될 것이다. 그 일이 일어나도 괜찮다고 다짐하라. 모든 불행을 깔끔하게 퇴치하는 값어치 있는 말이다.

최악의 상황을 피하려면
최악의 상황을 상상하라

살아 있는 채로 인간을 천 년 전 미라로 만들어 버릴 수도 있고 이미 오래전에 죽은 자를 소스라치게 놀라게 만들 수도 있는 것. 심장을 쪼그라들게 만들고 의지를 약화시키며 삶에 대한 애정마저도 무참히 식어버리게 만드는 것.

그런 무시무시한 공포를 이겨내는 최고의 방법이 여기에 있다. 나는 감히 이 방법이 인간을 괴롭히는 모든 공포들을 단 한 점의 흔적도 없이 없앨 수 있다는 약속을 당신에게 할 것이다. 그만큼 효과가 보장되어 있고 실천하기도 쉬운 일이다. 이것은 백정미란 사람이 그동안 지독한 역경을 헤쳐 나오면서 혈관을 흐르는 절실함으로 깨달은 지혜이다. 이 지혜를 여러분들에게 나눠주게 되어 정말 기쁘다.

나는 한때 정말 겁쟁이였다. 사소한 일에도 커다란 충격을 받고 일어나지도 않을 일을 가지고 혼자서 상상에 상상을 더하고 곱해서 수십 배로 증가시켜 괴로워했던 나였다.

"이 세상은 공포로 가득해. 어쩌면 공포 그 자체가 이 세상이자 나 자신인지도 몰라. 어떡하면 이 무서운 공포란 귀신으로부터 벗어날 수 있을까."

그때 나는 방법을 찾았다. 그때부터 한결 사는 것이 수월해졌다. 마음이 평화로워졌고 더 이상 끙끙 앓거나 몸서리치지 않아도 되었다. 사실, 지금도 유난히 겁이 많긴 하지만 예전처럼 무기력하게 공포에게 일상을 빼앗기지는 않는다.

그 방법은 무엇일까. 공포의 원로들이 모여서 이 방법이 더 이상 인간세계에서 퍼지지 않도록 해야 한다고 긴급대책회의를 열었을지도 모를 만큼 두려움을 퇴치시키는 가장 적절한 방법을 당신에게 알려주려 한다.

최악의 상황이 일어날까 두려워하면서 힘겨워하고 있는가. 그렇다면 그 최악의 상황이 바로 눈앞에 펼쳐져 있다는 상상을 하라. 그리고 그 상황 속에 당신은 주인공이 되어야 한다. 괴롭다고 회피하지 말고 그 끔찍한 상황 속에 과감히 자신을 등장시켜라.

혹시 당신이 지금 두려워하는 것이 돈이 다 떨어져서 월세를 지불하지 못하고 쫓겨나야 한다는 것이라면 그 상황을 실감 나게 상상하는 것이다. 집주인의 싸늘한 시선과 몇 번을 확인해도 잔고가 없는 무정한 통장. 그리고 마침내 오갈 데 없이 길거리로 쫓겨난 모습. 어느 곳을 둘러봐도 도움을 청할 곳도 없고 한 끼 식사도 할 돈이 없는 가련한 형편. 며칠을 더 굶을지 모른다. 이 한 몸 눕혀 잠잘 곳도 없다. 그렇다면 지하도에 웅크리고 노숙자처럼 잘 수도 있을 것이다.

만약 그렇게 된다면 당신은 이제 인생의 밑바닥이다. 그 상황을 더 세밀하게 상상하라. 그렇게 된다면 어떻게 할 것인가. 이제부터는 밑바닥을 딛고 일어서서 상승하는 것이다. '그까짓 몇 끼 굶는다고 죽지는 않아.'라고 생각하라. 잠잘 곳이 없다고 한탄만 할 것이 아니라 잠잘 곳을 마련하면 된다. 주머니에 동전이 하나도 없어도 주눅 들 일 없다. 당신은 아직 건강하고 일할 능력이 있으니까. 이제 일거리를 찾아서 새로운 분야에 도전하는 것이다. 얼마나 설레는 모험인가. 아무것도 가진 것 없는 상태에서 당신은 하나하나 경험과 재산을 쌓아갈 수 있는 절호의 기회를 마련하게 된 것이다.

그림을 그릴 때 이미 그림이 그려진 얼룩덜룩한 종이 위에 그림을 그리는 게 좋은가. 아니면 하얗게 비어 있는 깨끗한 백지 위에 그리는 게 더 좋은가를 생각해 보면 어떨까. 당연히 텅 빈 공간에 새롭게 그림을 그리는 것이 좋을 것이다. 그것과 마찬가지로 인생도 가장 밑바닥에서 시작할 때 더 새롭고 창의적인 삶을 살아갈 수 있는 것이다. 여기까지 상상하게 된다면 당신이 두려워하는 것, 즉 월세를 지불하지 못하고 쫓겨난다면, 이라는 가정이 정말 하나도 두렵지 않게 될 것이다. 이제 그 상황이 되었을 때 어떻게 대처해야 할 것인지에 대한 확실한 그림이 그려져 있기 때문이다.

얼마 전 세계를 공포에 떨게 한 신종플루를 기억하는가. 한동안 사람들을 죽음의 공포에 떨게 한 그것도 사람들이 예방주사를 맞고 위생을 청결히 하며 철저하게 대비하자 언제부턴가 사망자도 더 이상 나오지 않았고 감염자 수도 줄어들기 시작했었다. 그처럼 공포 역시 그 공포의 진원지가 된 사건을 실감 나게 상상하고 예방주사를 맞듯이 미리 생각의 힘을 이용해 체험해 봄으로써 완벽하게 차단할 수 있는 것이다. 이 방법은 실로 대단한 효과를 발휘한다. 한 사람을 살릴 수도 있고 국가를 위기에서 구할 수도 있으며 인류를 공포로부터 구원할 수 있는 방법이다.

최악의 상황을 피하고 싶다면 최악의 상황을 가장 실감 나게 상상하라. 그렇게 한다면 당신은 어떤 공포라도 자유자재로 다룰 수 있다. 진정으로 공포를 배려할 수 있게 되는 경지에 다다르게 되는 것이다.

이제는 그 일을 두려워하기보다는 자진해서 미리 머릿속으로 체험해 보라. 그렇게 하면 공포에 두 번 다시는 사로잡히지 않을 것이다. 왜냐하면 공포에게 제공되는 유일한 식량인 근거 없는 상상을 원천적으로 차단할 수 있기 때문이다. 공포는 굶주림에 지쳐 결국 자기 별로 떠날 것이다. 그가 원래 있었던 곳에 돌아가 그들의 동료들에게 맥 빠진 목소리로 이렇게 말하게 될 것이다.

"사람들이 변했어. 예전에는 날 그렇게 두려워하더니. 이젠 전혀 두려워하지 않아. 예전에는 내 발걸음 소리만 들어도 벌벌 떨더니 이젠 내가 아무리 으르렁거리고 협박을 해도 오히려 느긋하게 웃고 있다니까."

공포가 인간에게
이로움을 준다?

공포에 대한 이야기를 매듭짓는 장에 이르렀다. 많은 아쉬움을 뒤로 하고 이제 공포가 인간에게 미치는 유익한 영향력에 대해 알아보도록 하자.

"아니, 이게 무슨 말도 안 되는 소리인가요? 공포라는 불길한 감정이 인간에게 이득을 줄 수 있다는 것이 도무지 무슨 헛소리인지 모르겠군요."

이렇게 항의하실 분이 물론 계실 것이다. 그건 지극히 당연한 의문이다. 지금껏 살펴본 공포라는 존재는 인간에게 전혀 보탬이 되질 않는 것 같았으니까 말이다. 신에게 가서 왜 이런 감정을 굳이 우리에게 주었느냐고 반문하고 싶은 감정이 공포가 아닌가.

그렇지만 무엇이든지 양면성을 지니고 있다는 사실을 알고 있는 현명한 이는 공포의 또 다른 측면 즉 인간을 현재의 고정적이고 낙후된 환경에서 벗어나 미래의 향상된 지대로 나아갈 수 있게 해주는 긍정적인 영향력을 간파할 수 있을 것이다. 밝음의 배면에는 어둠이 도사리고 있고 어둠의 저편에는 햇살이 움터오듯이 공포라는 암흑 속에도 한 줄기 빛이 존재하고 있는 것이다.

어느 날 나는 이런 생각에 사로잡힌 때가 있었다. 공포라는 감정은 어둡고 칙칙하고 음울하고 꺼림칙하다. 그 어느 누가 공포를 보고서 기뻐하며 두 팔 벌려 환영할 수 있겠는가, 라는 그런 생각.

"와, 반갑다. 공포야. 난 네가 무척 좋아. 날 이렇게 소름 돋게 만들어 주고 밖에 돌아다닐 수도 없게 해주는 네가 난 참 좋아. 이리와 뽀뽀해 줄게."

누가 공포를 이렇게 반가워할 사람이 있겠는가. 아무에게도 환영받지 못하고 외톨이처럼 소외되기 쉬운 감정이 공포라는 것쯤은 유치원생도 짐작할 수 있지 아니한가. 다만 일반적으로 생각할 수 있는 공포에 대한 이해도에 머물러서는 삶을 더 아름답게 꾸며나갈 수가 없다.

"한 가지 사물을 보고서 한 가지 생각만 가질 수 있는 사람은 발전 가능성이 그만큼 좁은 영역에 국한될 수밖에 없다."

이처럼 한 가지 감정을 대할 때 한 가지 측면만 바라보고 편협한 모습으로 단정 짓는 사람 또한 자기만의 좁은 세상에 갇혀 지낼 수밖에 없지 않겠는가.

이제 당신은 조금 더 넓은 시야를 가지고 공포를 이해할 것이다. 공포라는 것은 늘 한 가지 자세로 우리의 목을 조르거나 캄캄한 어둠 속으로 거칠게 밀어 넣는 부정적인 역할만 수행하는 것은 아니다. 다행스럽게도 공포는 인간을 발전시키는 보이지 않는 터전이 되어주고 있었던 것이다.

우리는 공포를 배려해야 한다. 무조건 밀쳐내고 거부하고 도외시하는 것보다는 공포가 밀려들 때 어떻게 대처해야 현명한지에 대해 자신만의 독자적이고도 견고한 견해를 가지고 있는 것이 좋다. 이쯤에서 우리는 무슨 방법으로 인간을 발전시키는 데 공포가 기여하는 것인지 궁금하지 않을 수 없다.

죽음의 사신처럼 검은 망토를 두르고 얼굴을 가면으로 가린 채 알 듯 모를 듯 음침한 미소를 짓는 공포가 도대체 어떤 비장의 기술로 인간을 발전시킬 수 있단 말인가. 그것에 대한 대답은 이러하다. 공포는 인간을 짓누르는 외부의 적이 아니다. 공포는 스스로 만들어낸 내부의 감정이며 언제든지 자신의 의지에 따라 그것의 크기와 질을 결정지을 수 있다. 그러므로 공포가 인간을 발전시킬 수 있다는 것은 지극히 합리적인 말이 된다.

인간을 발전시키는 것은 어찌 되었든 인간 자신일 수밖에 없다. 인류의 탄생 이후로 지금까지 공포가 있었으므로 인간은 더 나은 환경을 마련하기 위해 노력할 명분을 얻어왔다. 결국 그것 또한 자기 자신에게서 나오는 것이지만 어떻든 공포는 의외로 긍정적인 면모를 지닌 존재임이 틀림없다.

머나먼 원시시대에 살았던 오스트랄로피테쿠스나 호모사피엔스 등의 인류의 조상들은 생존에 대한 공포를 살점이 떨리도록 낱낱이 느꼈을 것이다. 밤이면 더욱 극심한 공포심을 겪어야 했다. 어느 방향에서 맹수들이 불시에 습격해 올지 모르는 열악한 상황에서 살아남기 위해 인간은 진화에 진화를 거듭해 왔다. 만일 원시인들에게 맹수들이 티끌만큼도 위협을 가하지 않고 오히려 애완동물처럼 온순히 따라주고 먹을 것도 사시사철 풍성하고 가뭄이나 홍수 등도 전혀 일어나지 않았다면 어찌 되었을까. 아마 지금도 인간은 원시인들의 삶과 별다르지 않은 일상을 살아가고 있을 것이다. 왜냐하면 공포가 없고 늘 평안함에만 물들어 있으므로 고생스럽게 구태여 발전을 꾀하지 않을 것이기 때문이다.

공포의 긍정적인 영향력에 대해 감사하는 마음을 가질 수 있겠는가. 당신을 두렵게 하는 것들이 꿈을 이루게 하는 결정적인 요인이 될 수도 있다. 지나온 세월을 돌이켜 볼 때 어떤 순간에 가장 큰 보람을 느꼈는가. 아마도 그것은 자신이 해낼 수 있을까라고 의구심을 느꼈던 어떤 일을 해냈을 때 더 큰 감동과 보람을 느꼈을 것이다. 바로 그것이다. 공포도 알고 보면 꽤 괜찮은 친구인 것이다.

어두운 밤길을 걸어도 두려워하지 말자. 난간에 매달려 있어도 불안해하지 말자. 공포가 크면 클수록 기쁘게 생각하라. 그것을 슬기롭게 극복하는 사람에게 우주는 가장 위대한 성공의 순간을 선물할 것이다.

제3부

허무하거나 분노가
찾아와도 침착해

1. 허무 다스리기

100년 동안 비어 있던 빈집에 길을 잃은 바람이 들어와 잠시 머물다가 황망히 떠나가듯 허무한 것이 인생이다. 소라는 껍데기를 버리고 자기가 태어난 바다로 되돌아가야 하고 달팽이는 평생을 지고 다니던 집을 버리고 흙 속으로 사라져야 하는 것이 운명이듯이 인간 또한 질기도록 감겨오던 인연의 줄들을 모질게 끊고 영원 속으로 떠나가야 하는 것이다. 그것을 우리는 죽음이라고 하기도 하고 혹은 영원한 이별이라고도 한다. 살면서 한 번도 허무하지 않은 사람이 있을까. '지금 내가 뭘 하고 있는 거지?'라는 회의를 느껴본 사람은 허무함의 실체에 다가선 사람이다.

우리의 감정은 변화를 숙명처럼 여기고 수시로 바뀐다. 슬펐다가 기뻤다가 괴로웠다가 즐거웠다가 우울했다가, 그렇게 갖가지 모양으로 바뀌다가 결국에 다다르는 것이 허무이다. 모든 게 다 부질없음을 깨닫는 것이 허무의 감정에 전이된 사람이 겪는 필연적 과정이다. 그리고 끝없이 침잠해 가는 자신을 발견하고 더 깊은 허무에 빠지게 되는 것이다.

그대, 허무한가. 사는 것도 누군가를 만나고 헤어지는 것도 공부하는 것도 먹는 것도 자는 것도 일을 하는 것도 꿈을 꾸는 것도 모두 다 쓸데없는 일처럼 여겨지는가. 그렇더라도 이제 허무함으로 피폐해지지 않아도 된다. 허무함을 알고 이해하는 것은 우리가 허무함을 발판으로 삼아 더 나은 인생을 설계하는 데 디딤돌이 될 것이기 때문이다.

이 세상은 그렇게 꼭 전부 다 부질없는 것만은 아니다. 고개를 들고 머리 위에 펼쳐진 하늘을 바라보라. 세상의 아름다움을 빠짐없이 두 눈에 담아보아라. 저 푸르른 하늘을 바라보고서 누가 인생을 허무하다고 할 수 있겠는가. 지금 이 순간 당신이 살아 있음으로 누릴 수 있는 혜택이 가장 값진 것임을 잊지 말라.

우리는 찰나에
머무는 눈꽃이다

무엇이든 찰나에 머무는 것들은 매력적이다. 첫사랑이 그러하고, 짧은 시간 피었다 지는 아름다운 꽃들이 그러하다. 아침에 피었다 금세 지고 마는 연보라색 나팔꽃은 그래서 더 아련하다. 젊음도 학창 시절도 어느 순간 뒤돌아보면 저 멀리 떠나가 버린다. 너무나 짧고 순식간에 지나가므로 그것이 사라진 후에 더 많이 애달플 수밖에 없는 것들이 얼마나 많은가.

눈꽃을 보라. 인간이 절대로 모방할 수 없는 자연의 위대한 결정체 육각형의 오묘한 형체는 찰나보다 더 단시간에 사라지고 만다. 손바닥에 내려앉는 모습을 보는 순간 사르르 녹아버리는 눈꽃을 보면서 삶을 생각하면 우리네 인생도 그처럼 잠깐 사이에 피었다 지는 것이라고 느껴지지 않을 수 없다.

앞집 성격 까다로운 할아버지와 뒷집 뚱뚱한 아저씨, 윗집 멋쟁이 아주머니도 모두 눈꽃이다. 3학년 1반 학교 짱 상식이도 눈꽃이고,

늘 전교 꼴찌를 도맡아 하는 순덕이도 눈꽃이다. 서류를 건네줄 때마다 파르르 화내는 사장님도 눈꽃이고, 뭘 시키면 매번 반대로 일을 처리하는 답답한 오 과장도 눈꽃이다. 대통령도 눈꽃이고, 스님도 눈꽃이다. 목사님도 눈꽃이고 교수님도, 박사님도, 가수도, 배우도, 모두모두 눈꽃들이다. 엄청나게 유명한 사람도 아무도 그 존재를 알아주지 않는 무명의 사람도 역시 눈꽃들이다. 잠시 허공에 머물다가 어느 곳에 떨어진 후에는 흔적조차 없이 사라질 눈꽃이다.

그런 눈꽃들이 하나라도 더 가지려고 싸운다.

"이건 내 거야. 내가 예전부터 점찍어 놓은 거란 말이야."

"야, 웃기지 마. 그건 내 거라고 여기 버젓이 법적으로 등록되어 있잖아. 어디서 남의 걸 거저 가져가려고 그래. 얼른 내놔!"

이들은 말로 안 되면 주먹질을 동원한다. 그것도 안 되면 고소를 하고 법정에서 시시비비를 가리기도 한다.

나는 이들에게 말한다.

"단 한 개만 채우면 천 개가 된다면서 부자들은 부자들대로 하나라도 더 모으려고 하고, 서민들은 서민들대로 가난에서 벗어나고자 하나라도 더 자신의 것으로 만들려고 한다. 그 바람에 정신 바짝 차리지 않으면 가지고 있는 것들을 몽땅 털릴 수도 있는 위험한 사회가 되었다. 이는 자신들이 눈꽃인 줄 꿈에도 모르는 사람들이기에 가능한 일이 아니겠는가."

눈꽃은 잠시 후면 언제 그 자리에 있었느냐는 듯이 자취 없이 사라질 운명이다. 하지만 눈꽃은 시한부 육신으로 실존하지 않을 부를 얻기 위해 몸부림치느라 노곤하기 짝이 없다. 한 개 더 가져서 무엇을 할 것인가. 두 개 더 가져서 도대체 무엇을 할 것이란 말인가. 남들보다 세 개 더 못 가진 것이 왜 부끄러워해야 하는 일인가. 통장의 잔고가 0원이라고 해도 인생의 유한성을 절감하고 하나를 더 얻으려고 발버둥 치는 대신에 내게 있는 하나를 반쪽으로 나누어 누군가에게 베풀 수 있는 사람이 진정한 이 시대의 위인이다.

우리는 잠깐 이 세상에 머무는 눈꽃 같은 존재들이다. 이 사실을 유념하라. 이 진리를 기억하라. 찰나에 녹아 사라지고 마는 눈꽃이지만 그 결정의 아름다움은 신의 영역에 비견될 만큼 정교하고 황홀하다. 살아 있는 동안 우리도 눈꽃처럼 아름답게 휘날려야 할 것이다. 지니고 있는 내면의 선을 끄집어내 타인에게 선을 줄 수 있는 사람이 되어라.

선한 사람은 그 자체만으로도 축복받은 사람이다. 당신은 타고난 선인이다. 착하고 여리고 순수하고 밝은 사람이다. "그런데 왜 이렇게 사는 게 허무하고 보잘것없는가요?"라고 물어온다. 그것은 당신의 선이 아직 무르익지 않았기 때문이다.

선이 무르익으면 자체적으로 형성되는 면역체계가 인간을 보호하게 되어 있다. 그 선을 무르익어 갈 수 있게 촉진제 역할을 하는 것, 그것은 바로 생의 일회성과 한시적 삶의 가치에 대해 깨닫는 일이다.

눈꽃처럼 채 붙잡을 사이도 없이 지상에서 소멸되는 우리다. 그러나 눈꽃은 인간에게 자연에게 자신이 가진 선을 아낌없이 흩뿌려 주고 떠난다. 자신을 보는 이의 눈동자 위에 우주의 고고한 신비와 생명의 고마움과 찰나의 매혹을 선물해 주지 않는가. 우리도 그와 같이 살아가야 할 것이다. 살아 있는 동안 자신이 지닌 최고의 선을 타인에게 사회에게 가족에게 친구에게 보여주고 손수 나누어 줄 수 있는 그런 삶을 살아가자.

빈 술잔에
눈물이 채워질 때

외로워서 한 잔, 괴로워서 한 잔, 슬퍼서 한 잔, 열 받아서 한 잔. 그렇게 지금 이 시간에도 어디선가 술잔을 들고 있는 숱한 사람들이 있다. 어쩌면 그렇게 원하지 않는 일들만 골라서 생기는지 불행한 일이 하나 생기면 꼬리에 꼬리를 물고 또 다른 불행들이 줄지어 찾아온다. 정말 하고 싶은 일은 따로 있는데 생계유지를 위해 어쩔 수 없이 그 일을 해야만 하는 풀릴 기약 없는 노예 같은 신세가 되어버린 경우도 종종 있다. 그래서 속상하다. 그러기에 어김없이 술을 마신다.

술집마다 두 볼이 단풍나무처럼 붉게 타오르는 얼큰한 술꾼들로 넘치고 길거리 곳곳에 술에 만취해서 제 몸도 못 가누는 사람들이 많이 있다. 그중에 재수 없는 사람은 범죄자의 표적이 되어 구타당하거나 지갑이 털리는가 하면 몇 명은 소리 소문 없이 어디론가 납치되기도 한다.

술 때문에 싸움도 번번이 일어난다. 멀쩡한 정신이었으면 별로 화낼 일도 신경 곤두설 일도 아니지만 술에 취한 사람에게는 그 어떤 일이 죽기 살기로 덤벼야 할 급박한 문제가 되어버리기 때문이다.

"나쁜 자식! 지가 뭔데 날 차? 내가 차야? 뻥 하고 차게. 너도 언젠가 차일 거야. 흥."

남자친구에게 이별통보를 문자로 받은 여자가 머리카락을 쥐어뜯다가 술 한 잔을 쭉 들이켜면서 악을 쓰듯 소리친다. 포장마차에 켜진 누런 백열등을 보고 날벌레들이 잔칫날인 줄 알고 몰려들어 실내가 어지럽다.

곁에 있던 중년의 대머리 사내가 여자 못지않은 목청으로 악을 쓰듯 말했다.

"지가 사장이면 다야. 뭔데 나더러 이래라 저래라 하는 거야. 나이도 나보다 3살이나 어린 새파란 것이 걸핏하면 어이, 어이 부르고 카~~~ 내가 사는 게 사는 게 아니다. 진짜!"

"형님. 참으십시오. 그래도 거기에서 여태껏 벌어서 먹고살았지 않습니까. 그 사장이 쪼금 재수 없긴 하지만 말입니다요."

콸콸 소주잔 위로 유리를 녹인 물 같은 맑은 소주가 가득 채워진다. 목구멍에 원 샷으로 들이붓자 뱃속에서 내장들이 화들짝 놀라서 몸서리친다.

"그래. 이 맛이야. 내가 말이야. 그 사장 녀석 언젠가는 혼내줄 거라고. 한 번만 더 내게 함부로 했다가는 큰코다칠 거야. 내가 이래 봬도 한 주먹 하는 사람이라고."

"예, 예. 그럼요. 형님이 누구십니까? 영등포 큰 갈퀴라고 하면 모르는 사람이 없을 정도로 유명하셨죠. 그런 형님이 에구······."

염장을 지르자는 건지 위로를 하자는 건지 모를 말을 던져주고 아우가 스스로 술을 따라 마셨다.

"저도 속상합니다요."

"나도 성질 많이 죽었지? 그래도 먹고살려면 어쩔 수가 없다. 이게 사는 게 사는 게 아니야."

그 말을 듣고 있던 젊은 여자가 투덜거리면서 자리에서 일어났다.

"아줌마 소주 맛이 쓰네요. 전 이만 가볼게요."

금방이라도 쓰러질 듯 휘청거리면서 걸어가다가 생각난 듯 어둠 속을 노려보고 말했다.

"나쁜 자식. 좋냐? 나 버리고 가니까 좋냐."

그 여자는 도심의 빌딩 사이로 아메바처럼 새까맣게 흡수되었다.

술잔을 채워주던 술마저도 위로가 되지 못할 때 눈물이 술잔에 채워진다. 인생이 거지 같고 누군가의 발바닥 때만큼도 못 되는 것 같은 월급을 받겠다고 황금 같은 시절을 족쇄가 채워진 것처럼 얽매여 보내는 것이 억울하다. 그래서 한 잔 마셔준다. 아무리 객관적으로 봐도 자신보다 못한 사람인데, 사귀던 사람이 배신을 때리고 그 사람에게 가버리면 더럽게 억울하다. 그리고 치욕스럽다. 그래서 또 한 잔 마셔준다.

어떤 사람은 태어날 때부터 운 좋게도 돈 많은 부모 만나서 손쉽게 모든 걸 누리고 사는데, 자신은 부모 복도 없고 형제 복도 없고 친구

복도 없이 맨손으로 땅 짚고 헤엄치듯 세상을 헤쳐나가야 한다. 신이 있다면 가서 따지고 싶다. 왜 나는 이렇게 만들어 놓고 저것들은 저렇게 안락한 일생을 주었느냐고. 그런데 전 세계 사람이 다 알고 있는 유명한 신이 도무지 어디 사는지 알 수가 없다. 또다시 성질나서 한 잔 마셔준다. 그렇게 마시고 마셔도 영 개운하지가 않다. 알고 보니 지금까지 마셔온 것이 술이 아니라 자신이 흘린 눈물이었다.

빈 술잔에 술 대신 눈물이 채워질 때 우리는 허무함을 온몸으로 빨아들이고 있는 것이다. 그 순간을 잘 넘겨야 한다. 흡입된 허무함이 당신의 온몸을 휘돌아 영혼까지 손상시키기 전에 정신을 가다듬고 세상의 밝은 면을 보라. 닫힌 창을 열고 풀냄새, 꽃향기, 하늘의 색감, 벌들의 날갯짓, 이웃들의 소박한 웃음소리 등을 받아들이면 삶의 이유에 대해 생각하게 될 것이다.

그대가 사는 이유는 무엇인가. 그 이유가 바로 눈물의 원천이다. 그 이유를 알면 허탈한 심정을 딛고 다시 살아갈 희망을 찾을 수 있다.

되뇌어라,
"그런대로 살 만한 세상이야."라고

새로 이사 온 동네는 예전에 살던 곳과는 사뭇 분위기가 다르다. 예전에 살던 곳은 대부분 논과 밭으로 이루어져 있었고, 주위에 집들도 별로 없어서 한적하기 이를 데 없었다. 이 층에서 바라보는 길거리에는 가끔 지나가는 사람들과 자동차만 눈에 띌 뿐이었다. 새로 이사 온 이곳은 대문 밖을 나서면 온통 집들뿐이다. 집들이 이렇게 오밀조밀하게 배열되어 있다는 사실이 놀라울 정도다. 집 옆에 집, 또 그 집 옆에 집. 마치 집들의 전시장 같다. 여기서 조금만 더 걸어 나가면 대로변이 나오고 많은 사람들을 볼 수가 있다.

나는 요즘 마치 무인도에서 오랫동안 고립되어 있다가 나온 어리바리한 사람처럼 낯선 환경에 적응하느라 늘 눈과 귀가 긴장상태다. 주택가 밀집지역이어서 어디선가 누군가가 이야기하는 소리도 들려온다. 처음에는 그것이 환청인 줄 알 정도로 막연했다. 분명히 소리는 들리는데 사람은 보이지가 않는다. 귀신에 홀린 것처럼 간담이 서늘해지지 않겠는가.

동쪽에서 할머니들이 간밤에 비가 많이 와서 피해를 입었다는 이야기를 한창 하고 있다. 서쪽에서는 어린아이와 엄마가 실랑이하는 소리가 들린다. 조금 후 북쪽에서는 어떤 사람이 부지런하게 아침부터 음악을 틀었는지 구수한 트로트 소리가 들려온다.

"와, 이런 세상이 있다니."

이 층에 살아서 위층 아래층의 소리만 가끔 듣고 살던 나에게 동서남북 사방에서 불시에 들려오는 소리의 습격은 수천 마리의 메뚜기 떼가 공격해 오는 것처럼 놀라웠다.

"여기에 시멘트를 가져다가 발라야 되겠소. 어찌나 비가 많이 오던지. 집 무너지는 줄 알았다니까."

아직도 두려움이 채 가시지 않은 것 같은 할머니의 목소리를 이어받은 아이가 칭얼거린다. "싫어, 싫단 말이야. 저 장난감 가지고 놀 거야. 앙~ 앙~"

아이의 울먹거리는 목소리를 엄마가 받아서 엄격하게 말한다.

"안 돼. 유치원 가려면 준비해야지. 차 오겠다. 자꾸 이러면 괴물이 와서 잡아갈 거다."

괴물은 무슨, 피식 터져 나오는 웃음을 참고 있는데 트로트 음악이 얼굴을 알 수 없는 이웃의 손가락으로부터 비롯되어 동네를 한 바퀴 돈다. 들썩들썩, 아침부터 신이 난 트로트 가수가 오디오 속에서 한참 동안이나 열기를 뿜는 공연을 하고 있다. 듣다 보니 이런 소리가 점점 재미있다.

아파트나 한적한 곳으로 이사 갔다면 이런 입체적인 소리를 들을 수 있는 기회를 얻을 수 없었을 것이다. 사람들의 소음이 정겹다는 생각이 들었다. 당신이 사는 동네는 어떤 소리가 들려오는가.

"계란 사세요. 두부 사세요. 수박 사세요."

이런 소리가 잊을 만하면 들려오고 시끌벅적한 가족모임의 소리가 들려온다면 심심하지는 않을 것이다.

소음을 소음이라고 여기면 괴롭지만 사람들의 살아가는 모습이라고 여기면 거슬리지 않는다. 마찬가지로 인생도 어떤 면을 보느냐에 따라서 지극히 허무할 수도 있고, 엄청나게 소중할 수도 있다.

하던 일이 중도에 장애물에 가로막혀서 포기할 수밖에 없는 상황에 처했다면 어지간한 인격을 지닌 사람이 아닌 이상은 실망스럽고 괴로울 것이다. 세상살이가 녹록하지 않듯이 우리는 아주 자주 그런 장벽 앞에서 주저앉고 뒤돌아서서 왔던 길로 되돌아가야 한다. 그럴 때마다 자신에게 절망적인 말을 되뇌지는 않는지 반성해 볼 일이다.

"이제 넌 끝이야. 제대로 되는 일이 하나도 없구나. 사는 게 뭐 이따위지? 죽고 싶다."

이런 말을 습관처럼 내뱉으면 일은 더 꼬이고 장애물은 더 늘어나게 되어 있다. 이럴 때 이렇게 하자.

"그런대로 아직은 살 만한 세상이야. 이번 일로 조금은 속도를 늦추어야겠지만 그 일을 포기하지는 않아. 사는 게 즐겁다. 장애물이 생길 때마다 오기가 생기네. 어디 한번 해보자. 내 안에 잠재된 가능성이 얼마나 될까? 최선을 다하면 그 결과도 좋으리라 믿어."

이런 말을 할 수 있게 된다면 어떤 불행이 다가와도 행복해질 수 있을 것이다. 그리고 늘 등에 업고 다니던 허무함이라는 서늘한 감정도 조용히 내려놓을 수 있게 될 것이다.

다시 남쪽에서는 여러 명의 이야기 소리가 도란도란 들려온다. 서쪽에서는 자동차 경적 소리가 **빵빵** 들려오고 동쪽에서는 재채기 소리가 실시간 생중계처럼 들려온다. 이런 때에는 "이런 또 시작이군. 진짜 짜증 나!" 대신에 "적막하던 참에 잘됐네. 오늘은 어떤 재밌는 이야기들이 들려올까?" 호기심 어린 눈을 조심스레 반짝이면서 열심히 살아가는 이웃들의 숨결 소리에 귀 기울여 본다. 그래야 살아있는 그들의 고동치는 심장 소리와 꿈을 향한 활기찬 발걸음 소리가 더불어 들려올 것이기 때문이다.

나 자신이
이 세상의 의지다

신혼여행을 간 신랑이 아리따운 신부를 앞에 두고 안절부절못한다. 비지땀을 흘리며 아까부터 연신 호주머니를 주물럭거리고 있다.

신부는 신랑의 그런 행동이 이상하기만 하다.

"자기야, 왜 그래? 무슨 일 있어. 왜 그렇게 불안해하는 거야?"

신랑이 화들짝 놀라서 더듬거리며 대답한다.

"아, 아니야, 아무것도. 자기 먼저 씻어."

잠시 후, 신부가 욕실에 들어간 사이 신랑은 호주머니 속에서 휴대폰을 꺼내 신부가 들을까 조심조심하면서 누군가에게 전화를 한다.

"엄마, 나야. 응. 그래. 근데 엄마. 나 어떻게 해? 뭘 해야 될지 하나도 모르겠단 말이야. 엄마가 가르쳐 줘."

도대체 뭘 가르쳐주란 말인가. 20살도 넘은 성인이 첫날밤에 엄마에게 전화를 걸어 징징거리는 것 자체가 걱정스러운 일이다. 요즘 이런 마마보이, 파파걸들이 얼마나 많은지 모른다. 자신이 충분히 할 수 있는 일인데도 불구하고 엄마 아빠에게 묻고 또 묻는다. 미성년자라면 그러려니 하겠지만 다 성장한 어른들이 이러하니 부모들 입장에서는 언제까지 아기로 보이기만 하고 사회에서 제대로 몫을 하고 살아갈지가 걱정거리다. 자신들이 살아 있는 동안에는 얼마든지 가르쳐 주고 도움을 줄 수 있지만 이 세상 떠나고 나면 누가 그 응석을 받아줄 것인가. 절로 한숨이 나올 수밖에 없다. 그런 부모의 심정을 아는지 모르는지 지금도 어디에선가는 어린애도 알 만한 것들을 부모에게 묻고 용돈을 달라고 떼쓰거나 사업자금을 대달라고 윽박지르거나 그도 저도 아니면 그냥 부모에게 대책 없이 얹혀사는 자식들이 많이 있다.

이렇게 된 궁극적인 원인은 모두 자립심을 키우지 않았기 때문이다. 어릴 적부터 귀엽다는 이유로 뭐든지 다 대신 해준 부모의 행동이 결국 소중한 자녀의 앞날을 망친 격이다. 당신의 자녀를 사랑한다면 이제 그만 응석을 받아주어라. 당신의 부모를 사랑한다면 이제 그만 부모에게 의지하라. 인간은 각자 스스로 알아서 생존할 수 있는 능력 즉, 자립심이 있다. 자꾸만 누군가에게 의지하려는 것은 일종의 정신적 유기이다. 땀 흘리기 싫고, 골치 아프게 연구하기도 싫고, 자존심 상해가면서 남의 밑에서 일하기 싫다는 이유로 타인에게 기대어 숨어버리고 싶어 하는 것은 비열하다.

당신 인생의 주인공은 엄마도 아니고 아빠도 아니고 누나도 아니고 언니도 아니고 친한 친구도 아니고 사귀던 옛 애인도 아닌 당신이다. 당신의 인생을 책임질 사람은 바로 당신이라는 것을 단 한시도 잊지 말고, 문제가 주어지면 직접 풀어라. 문제가 있다면 반드시 해답이 있다. 궁지에 몰려도 움츠러들거나 소심해지지 말고 더욱더 대담하게 문제에 접근하여 해결하도록 하라. 이렇게 하면 자신의 인생에 대해 책임감이 생긴다. 그래서 내일로 미루고 싶은 일거리도 책임의식을 지니고 오늘 기어코 해내게 되는 것이다.

자립심을 가지고 인생을 살면 일상이 덧없이 느껴지지 않는다. 무료하게 시간을 흘려보내지도 않고 꼭 해야 할 일을 완수해 내므로 하루하루가 꽉 찬 느낌을 가지게 된다. 오늘, 어제를 돌아보면 뿌듯하고 내일, 오늘을 뒤돌아보면 더 뿌듯해진다. 건실하게 삶을 살았으므로 자부심이 생기게 되는 것이다. 그런데 누군가에게 의지하는 것을 최고의 미덕으로 삼고 사는 사람에게는 이런 일이 절대로 일어날 수가 없다. 자신이 할 일을 대신 해줄 누군가를 찾는 것이 시급한 일이 되어버린 그는 누군가가 조정하는 대로 인생을 살아가는 것이 더 좋은 무능력자가 되어버린다.

"넌 빨간색 옷을 입어야 어울려."

그러면 자신은 파란색 옷을 좋아하지만 빨간색 옷을 입는다.

"넌 돈에 관한 관념이 부족하니까 내게 맡겨야 돼. 내가 다 알아서 관리해 줄게. 나만 믿어."

그러면 그에게 전 재산을 몽땅 갖다주고서도 안심한다. 사기꾼들이 노리는 먹이 중에 이만큼 먹음직스러운 먹이가 또 어디 있겠는가. 이렇게 해주면 이렇게 따라 하고 저렇게 해주면 저렇게 따라 하다가 결국 자아를 상실하게 되는 비극을 맞이하게 되는 것이 의지하기 좋아하는 사람들의 최후이다.

　아무에게도 의지하지 마라. 지금 막 당신이 의지하려고 하는 그 사람도 자기 몸 하나 가누기도 힘들어하고 있는 중이다. 그도 누군가에게 의지하고 싶은 마음이 굴뚝같은 사람일지도 모른다. 그런 그에게 의지하게 되면 그는 2배로 힘들게 일생을 살아가야 할 것이다.

　내 짐을 타인에게 지워주지 말고 오히려 타인의 짐을 덜어줄 수 있는 사람이 되어야 하지 않겠는가. 그래야만 이 사회가 더불어 사는 아름다운 사회가 될 것이다. 너도나도 무작정 의지하려고만 한다면 꼿꼿하게 서 있던 사람들마저도 중심을 잃고 흔들리게 된다. 의지한다는 것을 경계하라. 좋은 말로 의지한다고 표현하지만 사실 그것은 자아를 포기하는 것과 맥락이 같은 말이다.

　자신을 포기하고 무엇을 얻기를 바라겠는가. 얻는 것이 무엇이든 부질없기 짝이 없는 것일 뿐이다. 나 자신을 지키고 나서야 타인과 세상을 위해 일할 수 있는 것이다. 아무에게도 의지하지 말고 자신의 힘으로 자신의 지혜로 세상을 살아가라. 지금껏 의지하는 일이 익숙해져 버린 당신이라도 자신의 힘으로 서겠다는 자세를 가지게 된다면 누구보다 자립심 강한 사람이 될 수 있을 것이다. 칙칙하고 허무하기만 하던 인생이 더없이 감사하고 소중한 시간이라는 것을 스스로 깨닫게 될 것이다.

왜 나는 사막 위에 홀로 남겨져 살아야 할까

"여기가 어디지?"

부스스 깨어난 당신의 두 눈에 끝도 없이 펼쳐진 모래밭이 보였다.

"다들 어디로 간 거야. 도대체 어떻게 된 일이지?"

고개를 갸우뚱하면서 불과 몇 분 전에 있었던 일을 기억해 본다. 불투명한 막 속에서 아른거리는 정체불명의 기억들이 점점 선명하게 떠오른다. 친구들과 당신은 이상한 기계를 앞에 두고 이야기를 하고 있었다. 둥근 호박같이 생긴 그 기계는 평소 발명하기를 목숨처럼 여기던 친구가 만든 공간이동기다.

"얘들아, 이 초음속 공간이동기를 이용하면 몇 초 만에 어느 곳이든지 갈 수가 있단다. 어디를 가고 싶니? 말해봐."

"난 중국에 가고 싶어. 만리장성도 가보고 그곳 사람들이 어떻게 사는지도 보고 싶거든."

"난 태평양 한가운데 있는 무인도에 가고 싶어. 얼마나 조용하고 좋을까. 그곳에서는 돈 걱정할 일도 없고 취업걱정도 할 일 없겠다."

다들 그렇게 자신이 가고 싶은 곳을 하나씩 이야기하고 있는데, 당신이 아직 결정을 못 한 모습을 보고 발명가 친구가 다가와서 의미심장한 미소를 지으며 속삭이듯 말한다.

"넌 어디 가고 싶어? 난 네가 가고 싶은 곳이 궁금해."

"사막!"

오래 생각할 것도 없이 사막이란 단어가 입에서 대뜸 튀어나왔다. 친구들이 약속이나 한 듯 동시에 모두 우레와 같은 박수를 치며 환호성을 질렀다.

"와, 제일 좋은 곳이다. 사막. 뜨거운 열기와 절대고독이 기다리는 곳이구나."

"결정되었어. 오늘의 여행자는 이 친구야. 사막을 향하여 거침없이 떠나라. 친구여."

"축하한다. 잘 가."

친구들이 함박웃음을 지으며 엉거주춤한 당신을 공간이동기 속으로 다짜고짜 밀어 넣었다. 거기까지가 기억의 전부였다.

"이상한 생물이 나타났어요! 어서들 와봐요."

페넬여우가 큰 귀를 팔락이면서 소리치자 여기저기서 웅성웅성하는 소리가 들려왔다.

"이상한 생물이라고? 오랜만에 눈요기하게 생겼네. 어디 있어요?"

사막고슴도치가 가시를 날카롭게 세우며 다가왔다.

"다들 가까이 가지 말게. 위험한 짐승이야. 에헴."

낙타가 의젓하게 서서 속눈썹을 깜박이며 말했다.

"이 생물에 대해서 아세요?"

어느새 구경꾼에 동참한 가젤이 하프모양의 뿔을 자랑하듯 머리를 흔들며 질문하자 마침 잘됐다는 듯 낙타는 모두를 향해 근엄한 표정을 지어 보인다.

"그럼, 잘 알고말고. 이 생물은 언제 우리를 해칠지 몰라. 우리들의 친구인 돼지와 소 그리고 개, 말, 닭, 오리, 온갖 곤충들 전부를 아무런 죄의식 없이 잡아먹는 종족이거든."

"어머, 너무 잔인해요."

페넬여우가 비명을 지르듯 놀라워했다.

"뭐 그걸 가지고 잔인하다고 할 수도 없어. 심지어 이들은 자신들끼리도 서로 잡아먹지. 아마."

"아니 무슨 말을 그렇게들 해요? 가만히 듣고 있자니 왜곡이 심하군요."

이제껏 잠자코 그들이 하는 이야기를 경청하던 당신이 인간으로서의 자존심을 지키기 위해 버럭 외쳤지만 아무도 쳐다보지 않았다.

"그럼 오늘 저 위험천만한 생물을 어떻게 하죠? 저대로 놔두면 언제 우리를 해칠지 모르잖아요."

도마뱀이 제자리에서 깡충깡충 뛰면서 염려했다. 그러자 낙타가 다시 기다란 속눈썹을 어루만지면서 좌우를 둘러보면서 쉰 목소리로 말했다.

"그렇소. 이 자를 오늘 이렇게 놔둘 순 없소. 지금은 너무 뜨거우니 다들 들어가서 쉬시고 선선한 밤에 없애도록 합시다. 잘 묶어서 움직이지 못하게 해놓으면 도망치지는 못할 것이오."

"그럽시다."

"그래요. 저도 찬성이에요."

페넬여우와 도마뱀이 당신을 묶자 모두들 안심한 듯 자리를 떠났다. 졸지에 사막의 죄수 신세가 되어버린 당신은 울먹이면서 하늘을 보며 원망한다.

"대체 이게 무슨 일이란 말인가요. 제가 왜 이런 곳에서 이렇게 결박당한 채 있어야 하는 거죠? 가만히 있어도 숨이 턱 막히는데."

목이 시커멓게 타버리는 것처럼 화끈했다. 물이 먹고 싶은데 물 한 방울도 없는 사막이 아닌가. 두 손은 움직일 수도 없고 두 발도 자유롭지 못하니 몸을 가눌 수가 없다. 이리저리 목을 돌려봐도 아무도 없다. 소리 질러도 와서 무슨 일이냐고 물어줄 사람도 없고 죽을 것 같다고 사정을 해도 받아줄 사람이 없다.

당신은 절망스러운 나머지 죽음을 받아들이기로 한다.

"그래. 죽음이 뭐 별거냐. 이렇게 혼자서 아무런 의미 없이 살아남느니 차라리 영원히 잠드는 게 낫지."

허심탄회하게 이야기하자면 이런 생각을 하는 게 이번이 처음은 아니다. 산다는 게 신물 나게 질릴 때가 많았다. 솔직히 왜 살아야 하는지 회의를 느낀 적도 한두 번이 아니다. 거리를 걸어가다가 빈 깡통을 만나면 이유도 없이 그것을 냅다 걷어차기도 했다. 가만히 눈을 감자 사막 대신 주홍빛 세상이 펼쳐진다.

"저기가 어딜까?"

숨을 멈추고 그렇게 한참을 있었다. 까무러치듯 의식을 놓치는가 싶었는데 발바닥에 참을 수 없는 간지러움이 느껴진다.

"여기서 뭐하세요? 좀 비켜주시겠어요?"

발아래를 보니 조그만 곤충 같은 것이 멀뚱한 표정으로 당신을 바라보고 있다.

"넌 누구니?"

"저는 스카라메라고 해요. 지금 매우 바쁘거든요. 좀 비켜주세요."

그러고는 순식간에 자기 몸뚱이만 한 구슬 하나를 만드는 것이었다.

"너, 대단하구나. 그건 무슨 구슬이니?"

"이건 똥구슬이에요. 낙타 똥구슬이요. 저는 사막을 청소하는 중이랍니다. 지금 바쁘니까 그만 가볼게요."

스카라메는 더 질문을 할 틈도 주지 않고 순식간에 저만치 사라져버렸다.

똥구슬이란 말이 참 정겹다. 당신은 그 녀석의 부지런함이 문득 부러웠다. 방금 전까지도 영원히 잠들고 싶었던 자신이 부끄러워졌다.

"스카라메야. 네가 그렇게 열심히 일하는 모습을 보니 가슴이 뭉클하다. 너처럼 작은 존재도 살겠다고 발버둥 치는데 인간으로서 참 부끄럽다."

눈을 감자 어느새 눈물이 흘러나오는지 짠맛이 느껴졌다.

"자, 어서 도망치세요. 당신은 여기에 있다 죽기에는 아까운 사람이네요."

페넬여우였다.

"왜 날 구해주죠?"

"왜냐고요. 당신은 삶을 사랑하고 있으니까요. 어서 당신의 세계로 돌아가세요. 당신을 필요로 하는 사람들에게 가셔야죠."

페넬여우가 묶었던 끈을 풀어주면서 한 쪽 방향을 가리켰다.

"저곳으로 가면 당신이 타고 온 기계를 찾을 수 있을 거예요."

여우가 가르쳐 준 곳에 가니 조금 망가졌지만 작동이 되는 공간이동기가 있었다. 붉은색 스위치를 힘껏 눌렀다. 굉음 소리와 함께 다시 돌아간다. 더 많이 사랑하고 더 많이 아껴주고 더 많이 가진 것들을 나누어 주기 위해서 돌아간다.

거기 언젠가 사라질 육체가 있어
즐거움이 있다

  태풍의 경로는 정확했다. 예보대로 서해안을 훑고 지나간 태풍은 중부지방을 통해 한반도를 관통하면서 동해안으로 빠져나가고 있다.
  군청에서는 재난예방을 위한 당부의 안내방송을 몇 번이나 했다. 같은 억양의 같은 여인이 같은 내용을 반복해서 들려주면서 군민들에게 결론적으로 이렇게 당부했다.
  "밖에 나돌아 다니지 마, 위험하단 말이야."
  그래도 다닐 사람은 다니고 나가라고 끄집어내도 나오기 싫은 사람은 집에 있을 것이다. 예상보다는 조금 약했지만 근래 들어 가장 강력할 거라는 태풍 곤파스는 자신을 널리 알리는 데 성공했다.
  지난밤 평소 같으면 곤히 잠들 그 시간에 잠 못 이룬 사람이 있다. 나 또한 바람이 어찌나 세차게 부는지 유리창이 덜컹거리고 지붕에서는 뭔가가 넘어지고 부서지는 소리가 들려서 도저히 잠을 이룰 수가 없었다.

혼자 살아가는 사람의 비애라고나 할까. 무서워도 무섭다고 함께 두려움을 나눌 상대가 없으니 공포가 배가 되는 것이다. 한참 동안 잠 못 이루고, 곤파스의 못된 성질을 탓하며 졸린 눈을 치켜뜨고 있다가 겨우 잠이 들었다. 아침에 일어나보니 웬걸 언제 태풍이 왔었냐는 듯 다정한 햇살이 화단에 머물고 있었다.

"정말, 억울해. 뭔가에 속은 것 같아."

잠 못 이룬 그 시간이 괜히 아까워졌다. 이럴 줄 알았으면 편히 잘 것을. 유리창도 멀쩡하고, 지붕도 부서지지 않았다. 세상은 평온했다.

우리 인생에도 이런 태풍이 몇 개씩은 올 것이다. 어떤 태풍은 약간의 비와 바람을 동반하고 찾아와 유순하게 지나갈 것이다. 어떤 태풍은 집을 날려버리고 도로를 무너뜨리고 건물을 파괴하는 힘으로 막중한 피해를 입히면서 지나갈 것이다. 우리에게 찾아오는 태풍도 이처럼 다양한 크기와 위력을 지니고 찾아온다. 그런 태풍에 대비하는 방법은 평상시에 균열이 생기고 헐거워진 부분을 수리하는 일이 아니겠는가. 마음의 상처와 느슨한 생활자세 등을 치료하고 고쳐놓고 있으면 아무리 거센 폭풍우가 들이닥쳐도 불안에 떨지 않을 것이다.

부질없음에 대하여 온몸으로 절실히 깨닫게 되는 때가 있다. 생의 의미를 잃어버린 그때이다. 불길한 태풍의 그림자가 서서히 다가오고 있는 순간이다. 어쩌면 그때는 일생일대의 고비가 될 수도 있는 시간이며 한 사람의 모든 것을 뒤집어 버릴 수도 있는 절체절명의 순간이 될 수도 있다. 그만큼 생의 의미를 가지고 있지 못한 사람은 위급한 상태라고 볼 수 있다.

생의 의미는 어디에서 찾을 수 있을까. 생의 의미를 찾고 그것을 인생의 지표로 삼고 산다면 태풍보다 강력한 것이 찾아와도 흔들리지 않을 수 있다. 그리고 삶을 낙관적으로 해석할 수 있는 이해력이 생긴다.

행복하고자 한다면 반드시 당신은 생의 의미를 지니고 있어야 한다. 왜 살아가는지에 대한 확고한 자기주장을 가졌는가. 지금 이 순간 무엇을 위해 일하고 숨 쉬고 먹고 행동하는지에 대한 자기 나름의 이론이 형성되어 있어야 한다. 그렇게 할 수 없다면 다른 것들을 모두 제쳐놓고서라도 생의 의미를 찾기 위해 노력해야 할 것이다. 왜냐하면 그렇게 하지 않는다면 지금 하고 있는 일을 완벽하게 처리한다고 해도 진정한 보람을 느낄 수가 없기 때문이다. 삶을 허무하게 보내지 않으려면 무엇보다 보람을 느낄 수 있어야 하는데 생의 의미를 깨닫지 못한 사람이 어찌 인생의 보람을 얻을 수 있겠는가.

순자의 얼굴은 까맣고 주근깨가 있다. 용만이 얼굴은 밀가루를 발라놓은 것처럼 하얗고 핏기가 없다. 영아의 얼굴은 주름이 많고 나이보다 훨씬 늙어 보인다. 명석이의 얼굴은 기름기가 흐르고 넓적하며 주름 하나 없이 팽팽하다. 순자, 용만, 영아, 명석 등등.

당신 곁에 있는 수많은 사람들은 모두 다른 얼굴을 하고 있다. 생김새도 다르고 성격도 다르다. 생각하는 것도 다르고 살아온 과거도 다르다. 각자가 인정하는 생의 의미도 다르다. 사람들마다 다른 생의 의미를 가지고 있을 것이지만 공통점도 있다. 그것은 살아 있다는 것을 감사하게 여기는 자세다.

생의 의미를 확립한 사람이라면 생명에 대한 감사를 우선적으로 지니고 있다. 호흡하고 생각하고 활동하는 육체의 고마움에 대해 뼈저리게 감사하라. 당신의 육체가 있었기에 모든 즐거운 것들을 누릴 수 있다. 음악도 들을 수 있고 사랑하는 사람을 만나서 애정을 나눌 수도 있다. 맛있는 음식을 배불리 먹을 수도 있고 그 맛을 혀로 섬세하게 느낄 수도 있고 사색할 수 있고 명상할 수 있으니 참으로 고마운 일 아닌가.

인간으로서 지닌 공통된 생의 의미 중 하나는 재능을 베푸는 일이다. 그것은 무엇을 의미하는가. 이 세상에 올 때 누구에게나 하나쯤은 특별한 재능이 주어진다. 우리는 그것을 발판으로 삼아 직업을 가진다. 재능이 때로는 취미로 전락할 때도 있지만 우리에게는 남들보다 우월하게 잘하는 것 한 가지쯤은 누구나 가지고 있다.

특별한 재능을 지녔다면 그 일을 해서 세상의 어둠을 밝혀라. 이것이 인간으로서 공통적으로 깨달아야 할 생의 의미다. 유의해야 할 점은 그 재능을 이용해 물질적 이익을 추구하는 데만 몰두해서는 곤란하다는 점이다. 모든 베풂은 무상일 때 더 받는 이의 마음을 감동시킨다. 당신이 지닌 특별한 재능을 조건 없이 베풀어라. 사람들이 당신의 향기를 진하게 느낄 수 있도록 진실한 모습으로 재능을 나누어준다면 의미 있는 인생을 살 수 있다.

죽음 앞에서도 웃어라

"암에 걸려서 그렇게 힘들어하더니 결국 갔다는군."
"퇴근하고 집에 돌아가는 길에 교통사고가 나서 그만……."
"날마다 힘들어 죽겠다고 하더니 제 손으로 그렇게 모진 짓을 했다니."

나는 가끔 이런 말을 들을 때면 가슴이 철렁 내려앉는다. 이 말은 바로 동시대를 살아가는 우리 이웃 중의 한 명이거나 친구이거나 가족이 죽음을 맞이했다는 말이란 것을 알기 때문이다.

누군가가 죽었다는 말을 들으면 너무나 슬프다. 슬퍼서 외면하고 싶다. 그러나 얼마 지나지 않아 그의 부재를 느끼고 생전에 더 잘해 주지 못했음을 가슴 깊이 후회한다. 꼭 한 번만 다시 만나고 싶다. 하지만 결코 그렇게 할 수 없다.

노인들은 입버릇처럼 말한다.

"내가 너무 오래 살아서 이런 꼴을 보는구나. 어서 죽어야 할 텐데."

그렇게 말을 하면서도 냉장고에 있는 보약 한 팩을 꺼내 입에 털어 넣는다. 이 아이러니한 모습에도 누구 하나 비난할 수 없다. 왜냐하면 실은 나 또한 "그냥 차라리 확 죽었으면 좋겠다."란 말을 입버릇처럼 하고 있다는 걸 부정할 수 없는 까닭이다.

"그냥 차라리 확 죽었으면 좋겠다."고 말하는 사람일수록 죽음을 두려워한다. 막상 죽을병에 걸렸다고 하면 살려달라고 애걸할 사람이 죽음에 대해 너무 가볍게 처신한다. 허무함을 극복하고 싶은 당신이라면 이제 죽음을 앞에 두고 진지한 자세로 명상을 해야 한다. 죽음은 인간의 생애를 구성하는 요소 중 가장 극적이면서도 중요한 비중을 차지하고 있다. 우리가 죽음을 배제하고 삶을 이야기할 수 없는 것은 누구나 빠짐없이 거쳐 가야만 하는 관문이기 때문이다.

잔병치레 한번 안 한 건강한 사람도, 하루가 멀다 하고 병원 문턱이 닳도록 드나드는 사람도, 잘생긴 사람도, 섹시함이 넘치는 미녀도, 가난한 사람도, 대기업의 총수도, 저기 지하도에 엎드린 채 신문지 한 장을 이불 삼아 잠든 걸인도 모두 죽음을 맞이한다.

죽음은 공평하게 모두를 통치한다. 신의 바지 뒷주머니에 거액을 찔러 넣어준다고 해서 죽음을 모면할 수 있지도 않다. 사과상자에 수억을 현찰로 넣어 신의 집 안방에 갖다준다고 해서 죽음을 피할 수 있는 비법을 알려주는 것도 아니다. 다만 아직 때가 아닐 때는 죽음의 위기를 넘기고 다시 살아나 새롭게 인생을 살아가는 경우가 있을 뿐이다. 그러나 결국 그런 사람도 죽을 수밖에 없다.

임사체험이란 것을 해보았다는 사람들이 의외로 많이 있다. 임사

체험이란 죽음에 이르렀던 사람이 무슨 이유에서인지 수 시간 내에 다시 살아난 것을 말한다. 그런 기적 같은 경험을 한 이들의 말에 의하면 죽음 뒤에는 어두운 터널을 통과해서 밝은 빛의 세계로 나아간다고 한다. 이미 죽은 그리운 가족이나 친척, 친구, 지인들을 만나기도 하고 어떤 사람은 무시무시한 곳으로 끌려간다고도 한다. 그리고 거의 공통적으로 그런 체험을 한 사람들은 다시 살아나서 그전에 살던 방식에서 확실히 벗어나 좀 더 많은 것을 남들에게 베풀어주고 사랑해 주는 삶을 살아간다. 그들에게 죽음의 일시적 체험은 매우 긍정적인 측면으로 작용한 것이다. 현실에 안주하고 지금의 모든 것이 영원하다는 근시안적 사고를 하노라면 필연적으로 인간은 물질에 집착하고 욕심을 부리고 탐욕스럽게 변하게 된다.

우리가 죽음에 대해 깊은 명상을 하고 그것의 의미를 생각하면서 주어진 시간을 피처럼 귀하게 여긴다면 자애롭고 애정이 넘치고 평화롭고 구속되지 않는 영혼을 지닌 이상적인 인간으로 일생을 아름답게 영위할 수 있을 것이다.

내일이 될지 몇 년 후가 될지 알 수 없지만 우리들은 천상으로 올라갈 것이다. 죽은 자의 육신은 땅에 묻히거나 한 줌 가루가 되어 허공으로 흩어지는 것 같아도 그의 불멸하는 영혼은 저 아득한 하늘 위로 날아간다.

실체가 없어져도 실존할 수 있는 것이 인간이다. 우주의 숱한 별들은 인간의 영혼을 받아서 품고 있는 무한대의 자궁과 같다. 어느 별로 갈지 기대되지 않는가. 그곳에는 이미 우리 곁을 떠난 보고픈 이들이 있을 것이다. 생전에 하고 싶었지만 가난한 집안형편 때문에 하지 못한 공부를 하고 있는 만학도 할머니도 있을 것이다. 하루 종일 학교와 학원을 다니느라 인생의 재미란 것을 느껴보지 못한 학생도 있고, 과거를 되돌아보면서 반성문을 쓰고 있는 바람둥이 아저씨도 있을 것이다. 우리들이 가면 그들은 우주의 언어로 반겨줄 것이다. 그동안 수고했노라고 어깨를 다독여주면서 별빛으로 만들어진 별꽃다발을 안겨줄 것이다.

죽음은 끝이 아니다. 새로운 출발이며 벅찬 세계로의 비상이다. 죽음 앞에서도 웃어라. 인생의 끝은 죽음이 아니라 자신이 지닌 것들이 얼마나 고귀한 것인지 알아차리지 못하고 헛되게 사는 것이다. 이 지상에 머무는 동안에 무엇을 할 것인가. 죽음조차도 이렇듯 우리에게 희망을 줄 수 있는데 우리는 무엇을 세상에 줄 수 있을 것인가.

물결처럼 쏴아아 밀려왔다
밀려가는 '허무'

　푸르른 바다색은 언제나 시원한 청량감을 주고 생명의 근원에 대한 향수를 불러일으킨다. 하지만 바닷물은 원래 푸른색이 아니다. 본래의 바닷물은 투명하고 색깔이 없는데 빛의 산란으로 인해 우리의 눈에 그렇게 보이는 것이다. 붉은색 계열의 색들은 파장이 길어 깊은 심해 속으로 흡수되지만 푸른색 계열의 색들은 파장이 짧은 관계로 바닷물 위에서 굴절하게 된다. 바다가 푸르게 보이는 것도 이 때문이다. 이러한 과학적 사실을 모르는 채 바라보면 바다는 그저 푸르다.

　지구가 생성되던 순간부터 바다는 파랗게 거기에 있었고, 종말의 순간에도 바다는 여전히 푸르게 거기에 존재할 것이다. 붉은색처럼 삶에 썩 잘 흡수되어서 살아가는 사람이 보는 바다나, 푸른색처럼 삶에 용해되지 못하고 겉돌면서 살아가는 사람이 보는 바다나 한결같은 파란색을 지니고 있다.

어느 날 갑자기 바다가 노랗게 변해 있다면 생각만으로도 이상한 일일 것이다. 그나마 노란색 바다는 유채꽃밭을 연상시키니 아름답기라도 할 것이지만 빨간색 바다는 상상만으로도 흠칫 놀라게 한다. 우주의 위대한 존재는 이 때문에 인간을 배려하여 푸른색 바다를 선물해 주었는지도 모른다. 푸른 바다가 있어서 인간은 짬짬이 휴식을 취할 수 있다. 도시의 꽉 막힌 콘크리트 빌딩 숲과 폐를 썩게 만들 것 같은 오염된 공기로 얼룩진 답답함에서 벗어나 바다를 찾아가면 그는 항상 가슴을 활짝 열고 파란 미소로 우리를 반겨준다.

"어서 와, 언제든지 널 환영해."

바다가 너털웃음을 호탕하게 지으며 두 팔을 벌려 반겨준다.

"미안해. 바다야. 어쩌지. 오늘도 온갖 걱정거리, 지독하게 머리를 짓누르던 근심거리, 미칠 정도로 정체성을 혼란스럽게 하는 고민거리 등을 한 보따리 가지고 왔어."

당신이 바다에게 그렇게 절망적인 목소리로 말하면 바다는 물결을 철썩이면서 씩씩하게 말해준다.

"그 보따리 이리 줘. 친구야. 내가 훌훌 풀어서 깨끗이 없애줄 테니. 그리고 미안해하지 말라니까. 내가 오히려 너에게 고맙단다. 적적한 날 찾아주니 얼마나 고마운 일인지 몰라. 저기 활기찬 괭이갈매기들 좀 봐. 네가 오니까 반갑다고 무리 지어 날아오르잖아."

그래도 여전히 어깨가 축 처진 당신이 말한다.

"그런데 바다야. 사는 게 몹시 허무해. 무슨 일을 해도 즐겁지가 않고 의욕도 없고 그저 다 부질없는 것들이라는 생각만 들어. 파도처럼 허무가 밀려와서 울컥한 적이 한두 번이 아니야. 서슬 퍼런 칼을 들고 누군가가 뒤에서 위협하고 있는 것 같기도 해."

당신의 눈가에 흘러내리는 눈물을 부드럽게 닦아주면서 바다가 말없이 한참을 생각에 잠겼다. 무거운 침묵이 흐른다. 바다도 당신도 무슨 말인가를 하려고 굳이 애쓰지 않는다. 그러다 바다가 침묵을 깨고 조심스럽게 입을 열었다.

"친구야, 날 봐라. 난 원래 색이 없어. 투명인간처럼 제 색깔이 없는 그런 존재란다. 이렇게 멋진 파란색 옷을 입을 수 있게 된 건 용기 있는 파란색이 날 위해서 수면 위에서 제 몸을 굴절시키고 있기 때문이란다. 실정을 모르는 사람들은 파란색이 빨간색보다 못나서 이렇게 표면에 머문다고 말하지만 그건 사실 파란색이 날 위해 그리고 인간들을 위해 정서를 순화시키고 감정을 토로할 수 있는 아름다운 바다를 만들어 준 거란다. 네가 지닌 모든 힘겨운 일들과 근심, 걱정에 대해서 파란색처럼 용기를 내봐. 그것들에게 흡수되어 버리지 말고 파란색처럼 네 삶의 바다를 멋지게 색칠할 수 있는 그런 용기를 가져보는 건 어떨까. 난 언제나 네 편이야."

바다의 포근하고 따뜻한 말이 가슴에 봄비처럼 촉촉하게 젖어 든다. 모래사장 위에 서너 명의 사내아이들이 뛰어온다. 바다처럼 생명력이 넘치는 그리고 삶을 제한 없이 즐길 줄 아는 아이들의 해맑은 웃음소리가 파도소리에 하얗게 부서진다.

허무는 이제 더 이상 파도처럼 밀려와 당신을 쓰러뜨리는 힘을 발휘하지 못한다. 당신은 강하고 굳세어졌다. 아이들이 던진 공이 백

사장 위에 유리구슬처럼 떨어져서 명랑하게 굴러온다.

"공 좀 던져주세요."

힘껏 공을 던져본다. 티 없이 순수한 어린 생명들을 바라보면서 스스로에게 다짐한다.

"이제 다시는 삶을 탓하지 않겠어."

당신이 던진 공이 약간의 차이로 바닷속에 첨벙 빠진다. 아이들이 까르르 웃는다. 당신이 건네준 걱정거리, 근심거리, 허무한 심정, 그리고 공까지 모두 넉넉하게 품어 안은 바다가 당신을 향해 포근하게 웃는다.

허무를 치료할 수 있는
탁월한 의사 '꿈'

외톨이 증후군이란 것을 아는가. 이들의 주요 특징은 고집스럽게 혼자 놀기이다. 절대 밖으로 나가지 않는 것을 철칙으로 여긴다. 혹시라도 밖에 나갈 일이 생기면 어떻게 해서든지 나갈 수 없는 필연적인 이유를 찾아낸다. 그들은 스스로 외톨이의 삶을 선택한다. 외면적인 모습만 봐서는 외로움에 빠진 사람이거나 자폐적 기질이 있다고 오인할 수 있지만 그들의 속사정은 이러하다.

그들의 마음은 공허하고 폐허처럼 오랫동안 비어 있다. 일반적인 사람들의 마음속에는 여러 가지 것들이 들어 있다. 그래야 사회생활이며 가정생활을 할 수가 있기 때문이다. 눈에 직접 띄지는 않지만 이렇듯 사람들의 마음속에는 온갖 감정들이 골고루 분포되어 있다. 수십 개에서 수백 개 더 세밀하게 따지고 들면 개수를 헤아릴 수 없는 감정들이 있으며, 과거의 갖가지 기억들과 미래에 대한 비전이 있다. 그리고 꿈이 있다. 그러나 공허함에 잠식당한 외톨이들에게는 그러한 것들이 전혀 없다. 그들은 단 한 가지에만 집착하며 열광한다. 그것은 무관심이다.

그들은 슬프거나 기쁘거나 괴롭거나 두렵거나 등등의 감정 따위에도 무관심하고 애틋하고 설레던 첫사랑과의 아련한 기억도 지웠다. 미래에 대한 환상도 없고 기대도 없으며 꿈도 없다. 그래서 항상 속이 허하다. 속이 비어 있으므로 마구잡이로 먹어댄다. 음식을 먹는 이도 있고, 자극적인 영상물을 먹는 사람도 있다. 성적인 행위 등으로 배고픔을 이겨내려는 이도 있다. 그런 모든 것들은 결과적으로 인간을 더 배고프게 만들고 영양의 심각한 불균형을 초래할 뿐 아무런 도움도 되지 않는다.

그들에게 가장 필요한 건 꿈이기 때문이다. 꿈만이 그들의 공허한 내면을 알차게 채워줄 수 있다. 당신의 마음이 지금 공허하다면 밥을 먹는다고 해결되는 것이 아니다. 재밌는 텔레비전 오락프로그램을 보고 몇 분 동안 허허거리면서 웃는다고 해결되는 것도 아니며, 애인을 만나 영화를 보고 달콤한 사랑을 나눈다고 해서 해결되는 것도 아니다.

자본주의의 꽃, 돈을 많이 벌면 해결될 수 있을까? 아니다. 만인의 우러름을 받을 정도의 명성을 얻는다면 해결될 수 있을까? 역시 아니다. 공허한 마음에는 돈도 육체적 쾌락도 명예도 아무런 소용이 없다. 그 마음을 치유할 수 있는 결정적 한 가지는 바로 꿈이다.

꿈이 있다면 어떤 공허함도 내면에 머무를 수 없다. 그 뿌리가 아무리 많고 깊이 뻗어 있고 오래되었다고 해도 꿈을 가진 사람에게는 무용지물일 뿐이다.

　일상의 자잘한 문제들은 수시로 우리를 괴롭게 만든다. 다른 사람 입장에서 바라보면 그리 문제 될 것 같지 않은 것들도 막상 당사자의 입장에서는 죽을 만큼의 절박한 일이 될 수 있다. 그러므로 우리는 다른 사람의 도움으로 자신의 공허함을 이겨낼 수 없다. 오직 자신의 힘으로 공허함을 달래주고 삶을 오롯이 소유할 수 있어야 한다. 그러기 위해서는 꿈을 가져라.

　꿈은 번뇌와 현기증을 불러일으키는 공허한 감정으로부터, 즉 허무로부터 우리를 즉시 꺼내준다. 우리가 꿈을 가지고 삶의 시간들을 맞이하게 되면 태도가 우선 변화하게 된다. 지금까지의 안일하고 단조롭고 의타적이었던 태도에서 자주적이고 적극적이며 입체적인 태도를 지니게 된다. 그렇게 달라진 후에는 감히 삶에 대하여 쓸모없다거나 허허롭다는 표현을 쓰지 않게 된다. 왜냐하면 꿈을 이루기 위해 그 누구보다 열심히 살 것이기 때문이다. 열정을 가지고 살아가기 시작하면 시간은 늘 부족하기만 할 것이다.

　공허한 마음을 치유하고 싶은가. 그렇다면 꿈을 가져라. 꿈을 최우선적으로 대우하라. 꿈은 그런 대접을 받을 만한 자격이 충분하다.

　나에게 꿈은 최고의 친구이며 안식처다. 나는 도무지 갈피를 잡을 수 없을 정도로 힘든 시절에도 좌절하는 대신 꿈을 향해 더욱 가열차게 전진해 갔다. 최악의 상황에서도 꿋꿋한 자세로 글을 썼다. 다른 사람 같으면 모든 일에서 손을 놓고 망연자실하게 있어야만 할 상황에서도 하루에 몇 편씩 빠지지 않고 글을 썼다.

"차라리 꿈을 포기하는 게 나을 것 같지 않을까?"

나는 그때마다 우울해지고 나약해지려는 자신을 채찍질하면서 자괴감에 흔들리지 않고 목표한 만큼의 글을 써 내려갔다. 누군가 내게 왜 글을 쓰느냐고 묻는다면 이렇게 답하고 싶다.

"내게는 꿈이 있다. 광대한 우주와 오묘한 인생의 진리를 깨달아 많은 사람들에게 전해주려는 일, 즉 최고의 작가가 되기 위한 꿈이 있다. 나는 그 꿈을 이루기 위해 극한의 상황이 오더라도 글을 쓰는 일을 결코 포기할 수 없다."

꿈은 내게 그 어떤 것보다 값진 선물을 주었다. 내 이름이 선명하게 새겨진 책을 주었고, 더 깊이 있는 글을 쓸 수 있는 능력을 배양시켰다. 꿈을 위해 해준 것보다 더 많은 것을 꿈은 내게 되돌려준 것이다.

지금 현재의 나를 있게 한 것도 꿈이다. 육체는 부모님으로 인해 태어났으나 정신은 꿈으로 인해 태어났다고 해도 과언이 아닐 만큼 내게 꿈의 영향력은 대단했고 앞으로도 대단할 것이다.

마땅히 삶을 저주해야 할 비극적 상황에 직면해 있다고 해도 희망을 잃지 말고 삶을 사랑하라. 당신은 이 세상에서 없어서는 안 될 꼭 필요한 사람이라는 것을 잊지 말라. 단 한 사람이라도 당신으로 인해 삶의 기쁨을 얻고 있다면 감사하라.

꿈을 향해 모든 걸 바쳐라. 일체의 가식 없이 꿈을 동경하라. 사람과 사람의 만남은 언젠가는 이별을 하게 되어 있다. 그러나 꿈과의 만남에는 타의에 의한 이별이란 없다. 오직 자신이 꿈을 버렸을 때만 이별을 맞이하게 된다. 죽음에 이르는 그 순간까지 꿈은 우리와 함께한다. 든든한 보호자처럼 동행하면서 피폐한 마음을 어루만져 준다. 어떤 꿈을 가지고 있는가. 그 꿈이 먼 훗날 일생일대의 위기에 처한 당신을 틀림없이 구할 것이다.

'성실'은 허무 쫓고
행복 불러들이는 요술쟁이다

밤톨처럼 아주 귀엽고 또랑또랑했던 시절, 상이란 것은 매우 귀한 것이었다. 그 때문에 상을 탄 아이들은 그것을 더 각별히 여겼다. 그 당시에는 매우 특별하게 뛰어난 성과를 거둔 학생에게만 선별적으로 상을 주었기에 상의 가치 또한 태산처럼 높았다.

요즘 상은 광고 스티커만큼 흔하고 그 종류 또한 무척 다양하다. 생전 처음 들어본 희한한 명칭의 상도 있고 상 하나쯤 받지 않은 사람이 없을 정도다. 심지어 어떤 사람들은 상을 돈을 주고 몰래 사들이기도 한다니 우려할 만한 일이다.

유치원에만 해도 온갖 상들이 만들어져 졸업식 때는 거의 모든 아이들이 상을 받는다. 그래서 상은 더 이상 귀한 것이 아니게 되어버린 듯싶다. 그럼에도 불구하고 상을 받는다는 일은 즐거운 일이다. 학력우수상, 영어, 수학, 과학경시대회 상 등 기존에 있던 상과는 또 다른 별의별 상이 다 있는 요즘이지만 가장 가치를 인정해 줄 만한 상이 개근상이라는 사실에 대해서는 많은 이들이 동의를 한다.

　1년이란 시간은 길다고 하면 길고, 짧다고 하면 짧은 시간이다. 하지만 그 기간 동안 단 하루도 결석하지 않고 성실하게 학교에 나온 그 자체만으로도 그 학생의 자질은 빼어나고 우수하다. 그 학생이 반에서 맨 하위성적을 가지고 바닥을 기고 있다고 해도 인격적인 면에서 보면 그 학생의 인격성적은 최상위권이라고 할 수 있다. 공부만 잘하고 게으르고 불성실한 인간이 되느니 차라리 공부는 조금 못하더라도 책임감 있고 성실한 인간이 되는 편이 낫다. 그것이 그의 인생을 더욱 기름지게 만들 것이기 때문이다.

　회사에는 성실한 직원과 불성실한 직원이 있기 마련이다. 성실한 직원은 상사가 있을 때나 없을 때나 태도가 한결같다.

　"사장님께서 내일 미국으로 출장 가신대. 우리 내일은 속박에서 벗어나 자유롭게 근무해 보자고."

　누군가가 이렇게 말한다. 하지만 성실한 직원의 내일은 여전히 규칙적이다. 어제 그랬듯이 자신이 마땅히 해야 할 일을 하고, 업무시간을 결코 헛되게 낭비하지 않는다.

　회사에 대한 애정도 없고 불성실한 직원은 그런 기회가 오면 마음속으로 쾌재를 부르면서 평소에는 사장의 눈치 때문에 하지 못했던 인터넷 쇼핑을 신나게 하거나, 찜질방에 가서 한숨 자거나, 해이해진 마음으로 건들거리면서 시간을 때운다.

　"날마다 이랬으면 좋겠어. 오늘은 대충 일 끝내고 일찍 퇴근하자고."

　불성실한 직원의 앞날은 뻔하다. 회사는 먹고살기 위해 어쩔 수 없이 다녀야 하는 곳이라고 생각하는 불성실한 직원을 위해 회사가 해 줄 수 있는 건 딱 그만큼의 월급일뿐이다. 더 이상의 승진이라거나 좋은 기회는 주어지지 않는다. 그리고 가끔은 해고라는 퇴장명령이 내려지기도 한다.

그렇지만 어린 시절부터 성실함이 몸에 밴 정직한 직원에게는 그가 일한 것보다 더 많은 보상이 주어진다. 회사 일을 자기 일처럼 여기고 태만하지 않고 근면하게 일하는 직원을 싫어할 고용주는 없다. "그가 다른 동료들보다 더 빨리 승진하고 월급을 그렇게 많이 받을 수 있었던 것은 성실했기 때문이지. 그가 회사 내에서 좋은 평가를 듣고 있는 것 또한 그 성실 때문이야. 성실은 출세를 보장하는 지름길이다, 그 말이야."

성실한 사람의 가능성은 무한하다. 그는 가정생활에서도 우수한 양질의 사랑을 베풀 것이다. 그가 남자라면 부인과 자녀에게 충실할 것이므로 부인과 자녀들로부터 존경과 사랑을 받을 것이다. 그가 여자라면 남편과 자녀에게 진심으로 대할 것이므로 가정의 화목함이 절정에 이를 것이다. 그가 혼자 사는 사람이라고 해도 성실함은 그의 생활을 단정하게 하며 모범적으로 만들어 흐트러지지 않고 자신이 원하는 방향의 삶을 살아갈 수 있으므로 타인에게 귀감이 되면서 스스로 행복해질 수 있다.

한마디로 성실한 자세는 행복을 불러들이는 요술쟁이다. 성실은 인생의 허무를 잊게 하는 최선의 방책이다. 당신이 학생이든 직장인이든 주부든 홀로 외롭게 사는 독거노인이든 부유한 재벌가 사람이든 성실하게 살아라. 자신이 해야 하는 의무를 소홀히 하지 말고 책임감을 가지고 그 일을 완수해라. 힘들다고 잠시 쉬어가려는 순간 이제껏 쌓아온 성실함은 속절없이 무너지고 말 것이다. 힘들더라도 자신이 하기로 약속한 일은 하고 쉬어라. 그것이 성실함의 기본이다. 그렇게 하루, 이틀, 1년, 10년이 조금씩 모이면 삶에 만족하고 스스로에 대한 자부심을 지닌 행복한 자신을 발견하게 될 것이다.

2. 분노 다스리기

분수처럼 솟구치는 이것을 참지 못하고 외부로 표출하고 나서는 반드시 후회한다. 이것에 사로잡힌 사람의 얼굴은 흉측하게 일그러지고 세상에서 가장 못난 자신을 느끼게 된다. 이것은 무엇일까. 바로 분노다.
　그대는 인간을 최고의 지성을 지닌 우월한 존재에서 순식간에 짐승만도 못한 무식하고 천박한 존재로 만들어 주는 분노에 대해 얼마나 이해하고 있는가. 그저 욱하고 화가 치밀어 올 때마다 매번 화를 내고 후련하다고 느끼고 마는가. 아니면 참을 대로 참다가 한꺼번에 핵폭풍처럼 상대방과 세상을 향해 때로는 자신을 향해 분노를 불꽃처럼 뿜어내고 한참을 자책하는가.
　감정들 중에서 가장 흉포한 감정인 분노를 다스리지 못하는 자는 어떤 곳에서도 어느 영역에서도 훌륭한 사람이 될 수가 없다. 아무리 지혜가 뛰어나고 언변이 좋고 배운 것이 많다고 해도 다른 사람들을 이끌고 본보기가 되어야 하는 위치에 오를 수가 없다. 이것은 슬프지만 사실이다. 왜냐하면 그는 자신의 감정을 제대로 조절하지 못하는 감정조절실패자이기 때문이다. 그는 즉, 분노에 대한 배려를 배우지 못한 사람이며 감정을 통제하는 일을 적극적으로 실천하지 않은 사람이라는 말과 동일하다. 이제 분노를 배려하는 방법을 배우고 그것을 실생활에 적용시킬 수 있도록 하기 위해 길을 떠날 것이다. 그것의 실체를 관찰하고 어떻게 슬기롭게 운용해 나갈지 곰곰이 사색해 보자.

마음에 시뻘겋게 타오르고 있는
불길을 꺼라

　러시아에서 대형 산불이 발생했다. 19만 헥타르의 면적이 피해를 입었고 52명이 숨지고 이천여 가구가 불에 탔다. 그 불의 활약은 계속 진행되고 있다. 빠른 시간 내에 불길을 잡지 못한다면 피해는 눈덩이처럼 늘어날 것이다. 푸틴 총리까지 직접 나서서 소방용 항공기를 몰며 산불진화작업에 나설 정도로 심각한 지경이었다. 유독물질이 함유된 연기로 인해 수많은 사람들이 숨졌고, 인공호흡기를 구하기 위해 사람들이 발을 동동 구르고 있었다.
　우리나라와 세계 각지에서는 즉각 도움의 손길을 주었지만 역부족이었다. 산불의 검붉은 연기를 피해서 수만 명의 사람들이 정든 고향과 집을 등지고 피난길에 나섰다. 청정하고 아름다웠던 숲들은 화마에 휩싸여 형체를 알아볼 수 없을 정도로 타들었다. 그 숲에 순하게 기대어 살던 죄 없는 식물들과 동물들도 희생되었음은 말할 나위 없을 것이다.

이처럼 무시무시한 위력으로 숲과 대지와 인간과 인간이 일구어 낸 문명을 단번에 소실시켜 버리는 산불과 아주 유사한 감정이 분노다. 분노는 산불처럼 처음에는 아주 사소한 것으로부터 비롯된다. 어떤 산불은 등산객이 버린 채 꺼지지 않은 담배 한 개비의 불씨에서 비롯된다. 어떤 산불은 밭두렁을 불 지르던 농부의 방심으로 인해 발생해 산 하나를 홀랑 태워버리기도 하고, 산줄기를 타고 비호처럼 이동해 수십 개의 산을 모조리 태우고 마을까지도 게걸스럽게 집어삼킨다. 처음에는 아주 작은 실수와 불씨였을 뿐인데 결과는 참혹하고 측정하기 어려운 피해를 입히고 마는 것이다.

　분노도 똑같다. 처음에는 아주 작은 불만과 응어리지만 그것이 쌓이고 쌓여 감당할 수 없는 무서운 감정으로 변해버리는 것이다.

　"왜 자꾸 양말을 세탁기 속에 넣지 않고 방바닥에 지저분하게 내동댕이쳐 놓는 거야. 그렇게 주의를 주었는데도 여전하네. 내 말이 말 같지 않은가."

　아내의 불만은 처음에는 이렇게 작은 것이었다.

　"아침에는 따뜻한 밥에 국을 먹고 싶은데, 까칠까칠한 시리얼에 차디찬 우유를 주고 나 몰라라 하네. 출근하려면 든든히 먹어야 하는데 집에서 하는 일 없이 놀면서 아침밥도 챙겨주기 힘든 건가. 너무하네."

　남편의 불만도 처음에는 이렇게 사소한 것이었다.

　"교수님께서는 왜 소라만 예뻐하실까. 나에게도 눈길 한번 주시면 좋겠는데. 소라만 편애하시는 것 같아."

영아의 불만도 처음에는 이렇게 사소한 것이었다.

"국민의 이야기에 귀를 안 기울이는 것 같아. 선거운동을 할 때는 국민을 위하여 일하겠다고 철석같이 약속하고서는 우리들이 외치는 소리에는 전혀 무관심이네. 국민이 원하는 것이 무엇인지에 대해 관심을 좀 가져줄 수는 없는 걸까."

국민의 불만도 처음에는 이렇게 사소한 것이었다.

"저 사원은 아침마다 십 분씩 지각을 하네. 우리 회사를 우습게 보는 건가. 그러고도 뻔뻔하게 사과도 하지 않는다지. 출근시간도 제대로 지키지 못하면서 무얼 하겠다는 건지."

사장님의 불만도 처음에는 이렇게 사소한 것이었다.

"사장님은 보너스 챙겨주는 걸 모르시는가 봐. 다른 회사는 보너스도 월급만큼 넉넉하게 챙겨준다는데 우리 회사는 보너스는 고사하고 있던 휴가도 점점 줄이고 있어."

직원의 불만도 처음에는 이렇게 사소한 것이었다.

이렇게 사소한 것들이 서서히 축적된다. 감정의 불순물들이 응어리가 되어 내면에 응축되기 시작한다. 남편도 아내도 스승도 제자도 대통령도 국민도 사장님도 직원도 모두모두 자신의 불만들을 차곡차곡 저금한다. 누가 굳이 시킨 것도 아닌데 자신도 모르게 혹은 고의적으로 불만들을 수집가처럼 꼼꼼하게 모으며 산다. 그렇게 모인 응축된 불만 덩어리들은 어느 순간 분노로 변해서 점점 더 높이 쌓이게 된다. 그것이 분노의 탑이다.

분노의 탑은 가슴의 정중앙에 위치하고 있으면서 가장 눈에 잘 띈다. 일상생활을 하면서도 분노의 탑을 바라보면 절로 한숨이 쏟아진다. 그래서 새록새록 화가 난다. 작은 불씨가 소리 없이 번져서 엄청난 규모의 산불이 되듯이 시간이 흐를수록 분노의 탑에서 흘러나오는 화의 에너지는 사람들을 뜨겁게 달군다. 그리고 마침내 수소폭탄처럼 세상을 놀라게 하면서 폭발한다.

이렇게 사소하고 작은 불만과 불신들이 아름아름 모여 대재앙을 불러일으키는 분노의 불길이 되는 것이다. 처음에는 누구도 그렇게 되리라고 상상조차 하지 못했던 소소한 일로 인해서 끔찍한 일들이 발생하게 되는 것이다.

자신의 분노를 다스려야 하는 것은 인격을 수양하는 것보다 더 우선되어야 한다. 건강을 위해서 운동을 하는 것보다 우선은 분노를 먼저 평정해야만 한다. 그렇지 않고 하는 운동은 별 효과를 얻지 못한다. 왜냐하면 운동으로 인해 얻을 수 있는 장점을 분노가 모두 상쇄시키기 때문이다.

먼저 마음속이 평화로워야 뜻을 세우고 꿈을 키워나갈 수 있다. 마음속이 시뻘건 분노의 불길로 가득 차 있다면 그것을 꺼트리지 않는 한 정상적인 생활을 해나갈 수가 없다는 사실을 명심하라.

무엇이
나를 열받게 하는가

눈이 핑핑 돌 정도로 어지럽게 돌아가는 세상은 잠시라도 정체되는 것을 용납하지 않는다. 조금이라도 머뭇거리면 금방 뒷사람에게 추월당하고 말 것 같다. 그런 급박한 기운이 우리를 쉼 없이 앞으로만 달려가게 만든다.

휴식을 취하는 것은 무능한 자의 죄악으로 여겨지고 더 많이 소유한 자는 칭송받는다. 그것이 외모든 재산이든 부족한 자는 멸시받는다. 멸시하는 자나 멸시받는 자나 이런 현상을 당연시 여기며 받아들이고 있는 사회풍조가 만연해 있는 요즘이다. 그러나 이성을 가진 인간이라면 자신이 받는 부당한 대우에 대해 억울한 느낌을 가지게 된다. 돈에 자아를 팔아먹은 인간이 아닌 이상 그런 감정을 가지지 않을 수 없다.

억울하고 분하다. 화가 난다. 억울하고 분한 원인은 다양하다. 남들보다 더 많은 시간을 일하고 코피가 터질 정도로 공부했어도 그에 상응하는 대우를 받지 못하고 오히려 자신보다 훨씬 못한 사람이 낙하산으로 내려와 높은 지위를 꿰차면 억울하지 않을 수 없다. 아무리 노력해도 배경이 초라하면 성공할 수 없다는 식의 논리를 지닌 기득권층의 시건방진 태도는 개미처럼 허리가 부러지도록 노력한 평범한 사람들에게 좌절감을 안겨준다. 또한 어떤 일에 대해 상대방에게 알아듣기 쉽게 정중히 부탁을 했어도 상대방이 깡그리 그 의견을 무시해 버리면 화가 난다. 그와 인간관계가 지금까지 어떠했든 상관없이 자신의 의견을 무시하는 태도를 보여주는 순간 부글부글 속이 끓어오른다.

세계 각처에서 발생하는 인종차별도 그렇다. 피부가 단지 검다는 이유만으로 혹은 피부가 누렇다는 이유만으로 혹은 피부가 하얗다는 이유만으로 테러를 당하는 경우가 많다. 이 세상 그 누구도 자신의 피부색을 뱃속에서 자유의지로 선택해서 태어나지 않는다. 그걸 잠시 망각한 일부 인종차별주의자들에 의해 살해당하거나 모욕을 받는 수많은 사람들은 억울하다. 그래서 분하지 않을 수 없다.

화가 나는 경우는 또 있다. 정의롭지 못한 일이 눈앞에서 뻔히 벌어지고 있는데 자신의 힘으로는 도저히 어떻게 해볼 수가 없을 때이다. 위정자들의 잘못된 정치로 인해 국가가 파산직전에 이르고, 국토가 파헤쳐지고 국민이 생활고에 시달리게 되더라도 한 개인의 힘으로 그것을 올바르게 바로잡을 수는 없다. 그래서 화가 난다. 도저히 어찌해 볼 방도가 없기 때문이다.

우리를 화나게 하는 것들은 무궁무진하다. 친구의 무심한 한마디

말에도 속 좁은 사람마냥 화가 나기도 한다. 연인이 길을 걸어가다가 다른 이성에게 한눈을 팔아도 질투의 화신이 되어 화가 나기도 한다. 그렇게 생각해 보면 어떤 일에서든지 화는 생성될 수 있는 여지가 있다. 아무런 자극이 없는 환경에서도 그렇다. 예를 들어 운치 있는 커피숍에 홀로 앉아 블랙커피를 마시는 경우에도 화는 충분히 날 수가 있다. 건방진 웨이터도 없고 시비를 걸어오는 다른 손님도 없는데 어떻게 화가 나는 걸까. 누구도 건드리지 않는데 말이다. 화는 자신의 마음속 생각으로 인해 발생되는 것이기 때문이다.

분노의 원인은 알고 보면 별것 아니다. 바로 생각이 원인인 것이다. 당신의 생각들 속에 숨어 있는 부정적 사고가 분노를 불러일으키는 원흉이다. 무엇이 우리를 화나게 하는지에 대한 정답은 이것이다. 바로 우리의 생각이다. 구체적으로 살펴보면 어떤 사물이나 사건에 대한 자신의 부정적인 생각이다.

아침 출근길에 겉모습이 추레한 초로의 남자가 당신에게 주뼛거리며 다가와 말을 걸어온다. "저 실례지만 혹시 춘천에 살던 강마리 씨 아니십니까?"

이 단순한 질문을 받은 사람들의 대답은 각양각색이다.

"어머, 제가 그분 닮았나 봐요. 어쩌죠. 전 강마리가 아닌데요. 찾는 분이 아니어서 미안하네요. 호호호."

"아침부터 재수 없게…… 강마리가 누구요? 난 그런 사람 이름도 들어본 적 없소. 길 가는 사람 붙잡고 시간 빼앗지 마시오. 나 한가한 사람이 아니란 말입니다."

어떤 이야기에 대해 유쾌하게 받아들이는 사람도 있고 버럭 화를 내는 사람도 있다. 이렇게 같은 사건에 대해서도 같은 반응을 나타내지 않는다. 유쾌한 대답을 한 사람과 화가 잔뜩 묻어 있는 대답을 한 사람은 생각이 다르기 때문이다. 유쾌하게 대답한 사람은 그리운 이를 찾는 남자의 마음을 읽었고, 그의 마음에 상처를 주지 않고 자신이 강마리가 아니라는 사실을 말했다. 한 사람은 남자의 마음을 읽기보다는 자신의 처지만을 내세우면서 상대방의 입장을 고려하지 않았다.

어떤 사람이 되겠는가. 아메바처럼 단순한 세포를 지니고 마음에 들지 않으면 그게 사물이든 상황이든 꽥 소리를 지르고 화를 습관처럼 퍼붓는 사람이 되고 싶은가. 아니면 사물과 상황에 대해 세심한 분석을 하고 배려하는 마음가짐으로 긍정적 태도를 보이는 그런 사람이 되고 싶은가.

감정을 절제하라. 당신을 화나게 하는 것은 다름 아닌 당신 자신이라는 것을 깨달아라. 지금까지 우리를 화나게 만든 것이라고 생각했던 사람들, 상황들은 모두 아무런 해를 끼치지 않았다. 우리를 그처럼 들끓어 오르게 하고 숨이 차오르게 하고 얼굴에 화로를 끼얹은 듯 뜨겁게 만들었던 것은 바로 우리 자신이다.

화를 끄집어내
사랑이란 햇살에 말리자

매사에 민감하게 반응하면서 조금만 마땅치 않은 일을 당해도 화를 내는 사람을 환영할 곳은 없다. 그런 사람과 친분관계를 맺고 싶다고 생각하는 사람도 물론 없다. 우리는 어려서는 부모님에게서 커서는 친구들로부터 혹은 사회생활의 선배들로부터 이런 말을 많이 듣는다.

"에이, 참아. 참아버려. 뭐 그런 걸 가지고 화를 내고 그러니. 참을 인 자 세 개면 살인도 면한다는 중국 속담도 있고 참는 자에게 복이 온다는 말도 있잖니. 꾹 눌러 참아."

그런 유의 이야기를 들으면서 억지로 화를 가슴속에 구겨 넣는다.

"그래, 화내봤자 뭐 하겠어. 나만 옹졸한 사람 되는 것이지. 참자, 참어. 속이 썩어 문드러져도 참고 살아야지."

그렇게 계속 참는다면 어떻게 될까. 풍선 속에 공기를 계속 주입시키면 풍선은 조금씩 부풀어 오른다. 점점 공기를 삼킨 만큼 제 몸을 키우던 풍선은 결국 어느 한계점에 도달하면 터지고 만다. 모든 풍선이 다 마찬가지다. 한계점을 넘어서면 그것을 감당하지 못하는 것은 풍선만이 아니다. 사람의 마음도 그와 같다고 보면 맞다. 화가 날 때마다 화를 마음속에 모아둔다. 일생 동안 화날 일은 너무나 많다. 성격적으로 유난히 화에 민감한 사람일수록 더 심하다. 그런 사람이 화가 날 때마다 참아야지 하면서 그것을 억지로 억누르고 산다면 풍선처럼 어느 지점에 이르면 터지고 만다. 그래서 분노가 위험한 것이다.

병 속에 갇혀 있던 탄산가스가 뚜껑을 여는 순간 얼씨구나 좋다 하고 바깥세상으로 제멋대로 튕겨져 나오듯이 분노도 마음의 빗장이 벗겨지는 순간 앞뒤 가릴 것 없이 사방으로 튀어 나간다. 화는 자신의 몸을 상하게 하고 마음을 상처 내고 곁에 있는 사람에게도 해를 입히고 만다.

화는 자신만 상처 내는 것이 아니다. 주위 사람들에게도 심각한 상해를 입힌다. 육체적으로도 그렇고 정신적으로도 그러하다. 집안에 화를 잘 내는 사람이 있으면 가족들은 심장이 오그라드는 경험을 많이 한다. 아빠가 화를 잘 내면 아이들은 잔뜩 움츠러든 채 아빠 눈치를 살피느라 바쁘다. 언제 불벼락이 떨어질지 모르기 때문이다.

민수 엄마는 툭 하면 화를 잘 내는 사람이다. 그녀는 별것도 아닌 일로 트집을 잡으며 큰소리를 마구 친다. 아이가 밥을 먹다가 약간 실수로 밥알 한 톨을 방바닥에 흘리더라도 화 잘 내는 엄마는 큰소리로 야단친다.

"야, 밥 좀 똑바로 먹어. 왜 흘리고 그러니. 칠칠맞게."

엄마도 사실은 밥알 흘리는 게 아이의 잘못이 아니란 걸 잘 알고 있다. 그런데도 시도 때도 없이 화가 툭툭 튀어나온다.

"별것도 아닌 일로 아이에게 또 화를 냈네. 엄마가 되어가지고 나 참 부끄러워서……."

민수 엄마는 그렇게 생각하며 반성하지만 다음 날 저녁 식사시간에 또 아이가 밥알을 흘리자 또 고함을 지른다.

"또 흘리네. 어이구, 밥 좀 똑바로 먹지 못하겠니?"

이렇게 화를 즉시 배출해 내는 사람이 있는가 하면 참는 것이 전통적인 미덕이라면서 화를 눌러 참는 사람들이 있다. 누가 봐도 분명히 화가 날 만한 상황인데도 절대 화를 내지 않는다. 항상 얼굴에 천사 같은 미소가 감돌고 있고 누가 싫은 소리를 해도 안색 하나 변하지 않는다. 그런 사람은 온화한 사람, 성격이 참 좋은 사람 등으로 보일지도 모른다. 그러나 감정을 절제할 줄 아는 사람이 화를 내지 않는 것과 감정을 다루는 방법을 전혀 모르면서 분하지만 참아야지 하는 사람과는 천지 차이임을 알아야 한다.

무작정 화를 억누르다가는 큰 병을 얻을 수 있다는 사실을 아는가. 화는 스트레스를 불러일으킨다. 스트레스가 만병의 근원임을 모르는 이는 없을 것이다. 밖으로 대책 없이 내뿜는 화도 문제지만 그저 끝없이 참는 것도 문제인 것이다. 그렇다면 화를 참음으로써 어떤 일이 벌어질까에 대해 알아보자.

컬리지런던 연구팀이 발표한 연구결과에 따르면 타인과 세상에 대한 적개심이 강한 사람은 관상동맥질환 발병 위험을 무려 19%나 높일 수 있다고 했다. 화를 잘 내는 사람들이 걸린다고 알고 있는 화병은 한의학적으로 울화병의 줄임말이다. 울화란 무엇인가. 억울하고 분한 마음이다. 이러한 마음이 오랜 시간 축적되어 신체적, 정신적 증상이 나타나게 되는 것이 우리가 흔히 알고 있는 화병이다.

신체적 증상으로는 진땀, 전신적 열감, 소화 장애, 치밀어 오름, 사지의 저림, 불면증이 나타나며 두통과 어지러움, 건조한 느낌, 가슴 답답함, 숨 막힘, 두근거림, 목에 걸린 느낌 등 다양한 증세를 보인다. 이러한 증상들을 한 번쯤 겪어보았는가. 그렇다면 당신도 화병에 걸릴 소지가 있다고 봐도 될 것이다.

화를 무조건 참는 건 누구에게도 이익이 되지 않는 어리석은 일이다. 자신의 화를 자연스럽게 순화시킬 수 있는 배움과 실천이 필요한 것도 이런 까닭이다. 분노를 참기 위해 이를 악물고 애쓸 필요는 없다. 그것이 자신을 해치고 주위 사람과 환경에게 더한 해를 끼친다는 것을 알고 있다면 분노를 한처럼 품고서 그것을 쌓아두는 행위, 즉 화를 참는 행위를 하지 않아도 될 것이다. 화를 마음속에서 끄집어내어라. 참는다는 그럴듯한 변명으로 화를 내면에 고이 모셔두지는 않았는가. 이제 그것들을 밖으로 들어내어서 천연살균소독제인 햇볕에 말려보아라.

인생에서 햇볕은 무엇일까. 어두운 인생을 밝게 해주는 햇볕은 사랑하는 마음이다. 당신의 분노를 누그러뜨릴 가장 현명한 처신은 꾸역꾸역 참는 것이 아니라 사랑의 마음으로 상대방의 본성을 바라보는 것이다. 그가 타고난 악인이든 위장된 선인이든 상관하지 않고 그의 결점까지도 사랑해 주는 것이다.

누군가 미워하고 원망하면
화가 춤춘다

　잔뜩 흐린 하늘이 금방이라도 비를 퍼붓겠다는 비장한 표정으로 늦여름 오후를 장식하고 있다. 가을이 오려는지 어디선가 들국화 향기가 한 아름 풍겨오는 듯하다. 저녁 무렵이면 제법 시원한 바람이 불어와 살아 있다는 것이 실감 나는 계절의 모퉁이에서 사람들은 저마다 바쁘게 걷고 뛰고 먹고 자고 숨 쉬고 있다.

　다양한 성격을 지닌 사람들 그리고 개성 있는 습관을 지닌 사람들이 옹기종기 모여 있는 세상. 개인의 얼굴만큼이나 각기 다른 습관들은 그 사람을 판단할 수 있는 주요한 요건이 될 수 있다. 단정한 모습으로 책을 읽는 습관이 있는 사람에게서는 고풍스러운 지혜가 묻어나는 것 같다. 날마다 휘청거리면서 주점을 들락거리는 사람에게서는 술로 인해 망가진 그의 생활과 점점 굳어가는 간이 보이는 것 같다. 매일같이 싸우는 습관을 가지고 있는 옆집 신혼부부에게서는 뭔가 위태로운 결혼상태가 적나라하게 비춰진다. 욕실에서 갓 나온 실오라기 하나 걸치지 않은 여인의 알몸을 보듯이 우리는 다른 사람의 습관을 보면 그의 인간성을 거의 정확하게 짐작할 수 있다.

그토록 수많은 습관들 중에서 화내는 습관만큼 몸과 정서를 망가뜨리는 것도 드물 것이다. 이렇게 글을 쓰는 나도 예전에는 화내는 것을 즐기던 나쁜 습관을 지닌 사람이었다. 그러기에 화를 내는 사람들의 심리를 누구보다 더 잘 알고 있다. 화가 날 때 그것을 표출하는 것은 본인조차도 하고 싶지 않은 찝찝한 일이다. 누군가에게 혹은 자신에게 아니면 세상에 대해 화를 내고 나면 남는 건 후회스러움과 민망함과 자괴감이다. 자신을 온전히 제어하지 못했다는 자책이 시험문제를 틀렸을 때보다 더 스스로를 질책하게 만든다.

솔직히 멀쩡한 얼굴을 우거지처럼 일그러뜨리며 목소리도 쇳소리가 나오게 하면서 험상궂은 모습으로 화내고 싶어서 화내는 사람이 어디 있겠는가. 되도록 화 안 내고 소나무 아래에서 천 년 동안 변함없는 포즈를 취하고 있는 전설의 학처럼 우아하게 살아가고 싶은 것이 모든 사람들의 자그마한 소망일 것이다.

화를 내면 이미지가 망가지는 건 순간이다. 평소에 고사성어를 쓰고 외국어를 현란하게 구사하며, 친절하고 박학다식한 사람이 있다. 하지만 그도 어느 한순간에 화를 참지 못하고 밖으로 내뱉어 버리게 되면 그에게 훈장처럼 찬란하게 수여되었던 좋은 이미지가 단숨에 화 잘 내는 고약한 사람으로 바뀌어 버리고 만다. 그렇게 한번 낙인이 찍히면 좀처럼 예전의 그 고상하고 차분하고 지적인 사람으로 되돌아갈 수가 없다. 사람들은 얄궂게도 누군가의 단점은 쉽게 잊어주지 않는다. 대신 장점은 잘 알아주지도 않을뿐더러 몇 가지 안다고 해도 야속하게도 하루 만에 다 잊어버리기도 한다.

그만큼 좋은 이미지를 타인에게 각인시키는 일은 어려운 일이다. 다른 사람들에게 좋은 사람으로 비춰지기 위해서가 아니더라도 자신을 위해서 우리는 화내는 습관을 즉시 버려야 한다. 습관은 무의식중에 점점 일생을 지배할 수도 있는 성격으로 바뀌어 버리기 쉽다. 서둘러서 부정적인 습관을 처분하지 않는다면 남은 생애 동안 자신과 타인을 모두 힘겹게 만드는 사람이 될 가능성이 높아진다는 것을 유념해야 할 것이다.

친구 중에 이런 친구가 있다. 아들 하나 딸 하나 예쁜 부인 이렇게 그림 같이 어여쁜 가정의 가장인 그는 연봉도 다른 사람들의 2배 정도는 받고 있다. 게다가 늘 사근사근하고 회사 동료들에게는 더할 나위 없이 모범적인 모습을 보이고 있다. 일처리도 깔끔하게 해서 윗분들한테는 귀여움을 받았고 후배들로부터는 존경의 대상이 되는 그야말로 나무랄 데 없는 완벽남이라고 할 수 있다. 외모도 준수해서 유부남인 줄 알면서도 그를 흠모하는 젊은 여직원들이 보내주는 꽃다발로 책상은 언제나 향긋한 꽃밭을 이루고 있다. 그렇게 완벽해 보이는 친구인데 단 한 가지 습관으로 인해 부인으로부터 이혼소송을 당했다.

그는 집에 오면 완전한 변신을 했다. 전혀 다른 사람이 되는 것이었다. 바깥에서 사람들에게 보이는 상냥함은 온데간데없이 사라지고 사사건건 아내에게 시비를 걸며 화를 냈다. 그것은 그의 오래된 습관이었다. 신기하게도 그 습관은 그의 아내가 곁에 있을 때만 나타났다.

"이 굴비는 어디서 사 온 거야? 비린내 나서 도저히 먹을 수가 없네. 에이!"

그는 이러면서 굴비가 있는 밥상을 통째로 엎어버리기도 했다.

"와이셔츠 주름 좀 반듯하게 잘 다려봐. 도대체 시집올 때 뭘 배우고 온 거야? 다림질 하나도 못하고 살림솜씨가 형편없다니까."

그는 와이셔츠를 구겨 아내의 얼굴에 내던지기도 했다.

"장모님께서는 왜 자꾸 당신을 부르는 거야? 이래서 처갓집하고 화장실은 멀수록 좋다고 했나 보군."

갖은 이야기로 아내를 꾸짖기도 했다. 그럴 때마다 그의 표정은 놀이동산 화장실 휴지통에 뒹구는 쓰레기들처럼 잔뜩 오그라져 있었다. 금방이라도 한 대 때릴 듯 아내를 향해 위협을 가하는 주먹질을 하기도 했다. 가끔 아이들에게도 심심찮게 화풀이를 하곤 해서 아내와 아이들은 늘 가시방석이었다. 그가 들어오면 경직된 자세로 눈치를 살피느라 제 할 일을 못 할 지경이 되었다.

알고 보니 그만 그런 것이 아니었다. 그의 아버지도 그의 형도 그의 남동생도 똑같이 화를 잘 내는 사람들이었다.

지금 아내에게 거액의 위자료를 물어주고 양육권도 얻지 못한 그는 혼자서 살고 있다. 그렇게 가정에서는 화를 잘 내던 그였지만 여전히 회사에서는 참 좋은 사람이라는 것을 믿을 수 있겠는가. 그는 아내를 경시하는 사상을 지니고 그녀 앞에서만은 마음껏 분노를 표출했던 것이다. 그러나 아내도 사람이었으므로 자신의 인격을 모독하는 그를 참아낼 수는 없었다.

화를 잘 내는 것이 죄는 아니다. 그렇지만 죄가 될 수도 있는 가능성은 충분히 가지고 있다. 분노를 자꾸만 반복해서 뿜어내다 보면 폭력적으로 변해서 법적조치를 받아야만 하는 과오를 저지를 수가 있다.

화내는 습관을 경계하라. 혹시라도 그런 조짐이 보인다면 애초에 그런 습관이 들지 않기 위해 **뼈**를 깎는 노력을 해야 한다. 그 증상이 심해졌더라도 마음먹기에 따라서 얼마든지 고칠 수 있음을 믿고 감정을 조절하는 연습을 하라.

누군가를 미워하고 원망하면 자꾸 화가 날 것이다. 그런 마음이 들거든 두 눈을 감고 잔잔한 호수처럼 고요한 침묵에 **빠져**들어라. 잠시만 참으면 된다. 억지로 참는 것이 아니라 화나게 만드는 모든 사람과 사건들을 아무 죄 없다 인정해 주는 것이다. 용서하기 힘들다면 깨끗하게 잊어주고, 억울하다면 더 성공해서 멋진 당신의 모습을 보여주면 된다. 건강을 해쳐가면서 사사건건 화를 내는 것보다 그것이 훨씬 현명한 일이다.

당신의 정신을
갈가리 찢는 '미움'

퀴퀴한 어둠이 감도는 지하작업실에서 밖으로 나올 줄 모르고 틀어박혀 발명에 몰두하는 고집스러운 발명가…… 아름답고 실용적인 건축물을 설계하느라 끼니도 거른 채 매달리고 있는 건축설계사…… 날 새는 줄도 모르고 글을 쓰는 집념을 지닌 무명의 작가…… 물감이 옷과 심지어 얼굴까지도 얼룩지게 만드는데도 개의치 않고 그림을 그리는 화가……

어떤 호기심 충만한 이가 그들에게 "지금 무슨 생각을 하고 있느냐?"라고 묻는다면, 한 가지에 몰두하고 있는 그들은 뭐라고 대답할까.

"엊그제 내 돈 오만 원을 꿔간 최 씨 생각을 하고 있소. 하루 후에 곧바로 갚아준다고 하더니 괘씸하게도 한 달이 지난 지금까지도 갚지 않고 있단 말이오. 오늘까지 안 가져오면 내일 아침에 집에 찾아가서 멱살을 잡아줄 생각이오."

"어젯밤에 술 먹고 계산도 안 하고 도망가듯 몰래 먼저 집에 간 친구 생각을 하고 있습니다. 한두 번도 아니고 매번 그 녀석과 술을 먹으면 술값을 전부 혼자 내야 되니 어처구니가 없습니다. 참 낯짝도 두꺼운 녀석 아닙니까. 다시는 그 녀석과 술을 같이 먹지 않을 것입니다."

"저희 언니 생각을 하고 있었어요. 언니는 자기 옷은 놔두고 늘 제 옷을 허락도 받지 않고 꺼내 입고 다녀요. 어린 시절부터 늘 자기가 입던 누더기 같은 헌 옷만 물려 입고 살아온 것도 억울한데 이제 제가 번 돈으로 산 새 옷을 자기 것처럼 마음대로 입고 다니니 분통이 터져요. 어휴. 생각할수록 화나는데요."

이렇게 말하는 이들은 아무도 없을 것이다. 왜냐하면 그들 중에 단 한 명이라도 다른 사람을 미워하는 생각을 품고서 작품을 만들고 있다면 그의 작품은 사람들에게 환영받을 수 없는 졸작이 될 것이기 때문이다.

가슴속에 그 어떤 미움을 가지고 뭔가를 하게 되면 자신이 본래 가지고 있던 재능을 100% 발휘할 수 없다. 창의적인 일을 하는 사람일수록 잡념을 버리고 일에 몰두한다. 그렇게 함으로써 일에서 성과를 보게 되고 자신의 가치를 재확인할 수 있게 된다.

당신이 요즘 혹시라도 화가 나고 누군가가 미워서 죽겠다면 창의적인 일을 하는 것이 좋다. 그림을 그리거나, 글을 쓰거나, 도자기를 빚거나, 사진을 찍거나, 블로그나 카페를 운영해 보거나, 숨겨진 소질을 계발해서 여러 가지 일들을 해보라.

누구의 도움을 굳이 받지 않아도 충분히 해낼 수 있는 일이 얼마든지 있다. 혼자서 작품을 만들어 가는 시간에는 누군가에 대한 타는 듯한 증오도 사라지고 원망도 한탄도 멈추어진다. 오직 작품에 대한 것만 생각하기에도 시간은 부족하기만 할 것이다.

글을 쓰는 시간이 가장 행복한 나는 그런 경험을 자주 한다. 완전한 몰입의 경지에 도달하는 것이다. 일체의 잡념도 없고 부질없는 원망도 사라진 세상. 삶에 대한 온갖 부정적 관점이 득실거리던 뇌에 새롭고 멋진 세계로 인도하는 밝고 환한 생각의 입자들이 가득 차게 되는 것이다. 그럴 때는 어떤 미움도 없다. 아니 그런 자잘한 것들은 아예 생각조차 나지 않게 된다. 오직 글에 대한 진중한 사고만 나와 함께한다. 창작하는 일은 이렇듯 사람을 차분하게 만들고 지적으로 만들며 편안하게 만들어 준다. 컴퓨터를 켜고 글을 쓰기 시작하는 시간이 하루 중 가장 많이 기다려지는 것도 이 때문이다. 정신적 유토피아를 경험하고 싶다면 창의적이고 유익한 일을 해보도록 하길 바란다.

미움은 키울수록 당신의 정신을 갈가리 분열시킨다. 뇌세포에 뾰족하고 날 선 악의 포자를 심어주고 곰팡이처럼 시커멓게 정신을 잠식해 간다. 벽에 조그맣게 생겼던 곰팡이가 며칠 후에 다시 보면 벽면 전체를 저승사자처럼 점거한 것을 본 적이 있을 것이다. 미움이 뿌린 악의 포자가 퍼지는 뇌에도 그것과 똑같은 현상이 발생한다. 섬뜩한 일이 아닐 수 없다.

누군가에 대한 미움을 지닌 것만으로도 이미 충분히 위험하다. 그것에게 양분을 주고 수분을 공급해 키워간다면 머지않아 미움은 엄청난 분노의 밀물이 되어 당신의 정상적 사고를 마비시키고 말 것이다.

  우리들은 이제 미움을 키울 시간을 스스로에게 결단코 내주어서는 안 된다는 확고한 의식을 가져야 한다. 그런 무가치한 일에 아까운 시간을 헌납하느니 차라리 창의적인 일에 매진하겠노라고 다짐하라. 붓을 들어 그림을 그리고, 셔터를 눌러 영상을 카메라에 담고, 자판을 두드리며 글을 쓰다 보면 자신도 의식하지 못하는 사이에 미움을 놓아주게 될 것이다. 그와 동시에 분노도 미움의 손을 잡고 쓸쓸히 떠나가게 된다.

화내는 내 모습,
참으로 우습지 아니한가

 익숙한 거리를 걸어간다. 군 소재지이지만 번화가에 있는 가게들은 수를 셀 수 없을 만큼 많다. 김밥을 저렴한 가격에 파는 김밥가게가 저렴한 미소로 유혹하고 있다. 국내산 치즈를 듬뿍 얹어준다는 피자가 둥근 얼굴을 내밀며 방실방실 웃는다.
 사과와 배 등을 품은 빨간 바구니들을 전면에 내세운 과일가게 곁을 지난다. 천 원이면 모든 물건을 주겠다는 헤픈 천 냥 가게도 기웃거려보다가 깜짝 놀라서 걸음을 멈추게 되는데…… 처음엔 그것을 보고 흠칫 놀라던 사람들이 점점 행복한 표정을 지으면서 그 앞에서 떠날 줄 모른다. 그것은 어느 가구점 앞에 진열된 전신거울이었다.
 자신의 모습을 들여다보는 일은 언제나 흥미롭다. 그 어떤 잘생긴 배우들보다 자기 얼굴을 바라보는 일이 더 중요한 일인 것은 인간은 역시 자기를 사랑하는 자기애가 강한 종족이기 때문이다. 그래서 자존심을 중요시 여기고 자신을 존중해 주는 사람에게 더 많은 매력을 느끼는 것이다. 수많은 인간관계 저서들은 그런 점을 간파하여 자존심을 만족시켜 주라고 각기 다른 표현으로 말하고 있다. 광고들은 한목소리로 고객님을 위하여 최선을 다하겠다고 목청을 높인다.

여자들은 한 번 외출하기 위해서 남자들보다 몇 배의 시간이 더 필요하다. 그런 사실을 이해하지 못하는 남자들은 재촉하기 일쑤다.

이웃집에 사는 경민 씨도 그런 남자 중 한 명이다. 경민 씨는 아내 지숙과 함께 외출을 할 때마다 신경질이 난다.

"빨리 좀 나와! 도대체 몇 시간을 그러고 있는 거야. 대충 옷만 걸치고 나오면 될 것을."

"아니, 왜 그리 서두르세요. 여자에게는 외출하는 것이 아름다움을 세상에 보여주는 중대한 의식과 같은 일이라는 걸 정말 모르세요?"

지숙은 남편의 말에 아랑곳하지 않고 얼굴에 곱게 화장을 하고 머리를 드라이하고 자신에게 어울리는 옷을 고르며, 꽃가루 같은 향수를 뿌린다. 마치 그렇게 하지 않는 여자는 이 세상에 없다는 듯이.

지숙은 동네시장에 나갈 때에도 한번은 거울을 보고 나가는 것이 습관이다.

"여자들이 왜 항상 깔끔하고 아름다운 줄 알아요? 그것은 그만큼 숨겨진 노력이 있었기에 가능한 일이란 말이에요."

요즘은 남자들도 많이 변했다. 피부과에는 백옥 같은 피부를 소원하는 남자 손님들이 늘고 있다. 성형외과에도 남자들이 자신의 모습을 호감형으로 변화시키기 위해 찾고 있다. 남자들도 가벼운 피부화장쯤 하는 세상이 되었다. 여자든 남자든 모든 인간은 거울을 보는 걸 즐겨한다. 지금처럼 외모가 중요시 여겨지는 시대에서는 더욱더 많이 거울 앞에 머무르고 있는 것이다.

자신이 화내는 모습을 거울로 바라보는 사람은 거의 없다. 그것은 아름답지 못한 모습이라는 걸 무의식적으로 알고 있기 때문이다. 이는 추하게 일그러진 자신의 얼굴을 두 눈으로 차마 바라보지 못하겠다는 심리가 아니겠는가. 분노를 배설물처럼 마구 분출하고 있는데 그 순간 누군가가 다가와서 대형거울로 자신의 모습을 보여준다면 아주 많이 무안해질 것이다. 그 모습은 정말 바라보아서는 안 될 자신의 가장 못난 얼굴이기 때문이다.

똑같은 사람이 화를 낼 때와 환하게 미소 지을 때의 얼굴을 비교해 보면 같은 사람이 아닌 것 같은 느낌이 들 정도로 차이가 난다. 천국과 지옥, 꽃과 쓰레기, 정상과 밑바닥과 같이 현저하게 다르다.

화가 나려거든 생각하라. 화낼 때 자신의 모습이 얼마나 흉악할 것인지에 대해서. 그 모습을 이 신성한 세상에 보여주고 싶은가. 두 번 다시 얻을 수 없을 이 고귀한 생명을 부여한 우주에게 그 험한 꼴을 꼭 보여줘야만 속이 시원하겠는가.

성질나면 바로바로 성질을 내고, 웃기면 그저 웃고, 취하면 곯아떨어져서 자고, 또 화가 나면 누구 눈치 볼 것 없이 후련하게 화를 내고 산다면 그는 동물이다. 일차원적 사고를 하는 본능에 사로잡힌 동물에 불과하다는 그 말이다. 아니면 그 이하다. 성질난다고 해서 이성의 통제 없이 아무 데서나 성질부리는 것은 낯선 사람에게 대뜸 자신의 치부를 열어 보이는 것과 다를 바 없다.

"나, 이렇게 못난 사람이에요. 분노를 조절하는 능력이 없어요. 그래도 밥은 먹고 살지요. 그렇지만 때로는 화나더라도 그것을 잠재우고 평화로운 마음을 지니고 살고 싶어요. 또 화나면 화를 낼 것이지만 누가 화 안 내고 사는 방법 좀 알려주세요."

정말 가여운 인생이다. 그렇지만 일반적인 우리들의 모습이 아니겠는가. 화 안 내는 방법이 따로 있는 것은 아니다. 화는 언제나 마음속에 불씨로 남아 있기 때문이다. 하지만 그것에 대한 대처법은 있다.

아주 간단한 방법으로 화내고 있는 자신의 모습을 떠올려 보는 것이다. 미간에는 눈살을 찌푸린 탓에 세로로 깊은 주름이 패여 있고, 콧구멍에서는 황소처럼 씩씩거리는 동안 누런 콧김이 나온다. 이처럼 입에는 거품이 물려 있고 찌그러진 종이컵보다 혐오스러운 정말 못생기고 정떨어지는 얼굴로 변해버린 자신을 생각해 보라. 그것이 화를 내고 있는 나의 모습이다. 그런 생각을 하노라면 화를 내고 싶은 마음이 싹 달아날 것이다.

사람은 누구든지 예쁜 미소 짓고 어여쁘게 살고 싶다. 누가 추남추녀가 되는 길을 자청해서 가고 싶을 것인가. 아름다운 얼굴을 갖는 방법은 의외로 쉽다. 바로 어떤 불쾌하고 짜증스럽고 모욕적인 순간에도 화를 내지 않는 것이다.

최고의 용서는
'그를 불쌍히 여기는 것'

 분노의 원인은 실로 다양하다. 그중에 가장 심하게 인간을 괴롭게 하는 것이 타인에 대한 원한이다. 평생 누군가를 증오하느라 정작 자신이 누려야 할 마음의 평화를 헌신짝 버리듯 팽개치고 사는 사람이 많다. 계속 그 사람이 서운하게 했던 일들과 그 사람이 내게 한 불손한 태도와 도저히 용서하지 못할 언행들이 떠오른다. 그것이 바로 증오다. 증오를 쉽게 떨쳐낼 수 없는 것은 그만큼 그를 향한 원망의 마음이 깊기 때문이다.
 살다 보면 별의별 사람들을 다 만나게 되는 것이 인생이다. 나는 아무런 감정도 가지지 않고 있는데 혼자서 일방적으로 나를 미워하는 사람이 있다. 나는 호의를 가지고 있는데 나에게 전혀 관심이 없는 사람이 있다. 나도 그 사람을 싫어하고 그 사람도 나를 싫어하는 관계도 있다. 사람과 사람이 어우러져 살다 보니 별별 관계들이 다 있게 되는 것이다. 가장 껄끄러운 것은 서로 미워하고 싫어하는 관계다. 두 번째는 그는 나에게 호감을 가지고 있는데 내가 그를 증오하는 것이다.

사실, 그가 일방적으로 나를 미워하고 나는 진심으로 그를 이해하고 사랑하고 있다면 그다지 내게는 문제가 될 것은 없다. 그러나 내가 상대방을 용서하지 못하겠다고 이를 부드득 갈고 복수를 다짐하고 있으면 나에겐 독극물을 먹은 것만큼 해롭고 그에겐 별 영향이 없다. 결국 타인을 향한 복수심이나 증오심은 모두 자신을 해치는 부메랑이 되어 심장에 날아와 꽂히게 되는 것이다.

정말 용서하지 못할 사람이 있는가. 수십 년이 지났어도 잊을 수 없는 사람. 방금 전에 일어난 일처럼 생생하게 떠오르는 그의 파렴치한 행각들. 떠오르는 것 자체가 고통인 사람. 차라리 잊었으면 좋겠는데 질기게도 오래도록 뇌리에 박혀서 떠나지 않는 그런 사람. 그로 인해 받았을 고통은 살을 도려내는 아픔만큼이나 감당하기가 어려운 것이다. 죽이고 싶도록 미운 사람, 죽어서도 용서할 수 없는 사람. 그런 사람이 있는가. 그 사람 이름만 들어도 피가 거꾸로 솟는 것 같고, 혈압이 오르고, 목이 뻣뻣해지고, 심장이 두근거리는 사람. 그는 당신을 아프게 하고 힘들게 한 철천지원수일 수도 있다.

나는 이 글을 읽고 있는 독자들에게 이렇게 속삭이고 싶다.

"단 한 사람이라도 그런 사람이 네 마음속에 있다면 오늘 이 시간에 그를 용서하자."

독자 한 명이 불쑥 일어서서 나에게 똑 부러지게 이렇게 반문하는 소리가 들린다.

"작가님, 듣자 듣자 하니 정말 너무하네. 작가님과 제가 무슨 안면이 있는 것도 아니고 오늘 처음 지면으로 만난 사이인데 저한테 인간적인 모욕을 주고 참을 수 없는 행위를 한 그 사람을 용서하라니요. 작가님이 무슨 천사예요? 기가 막혀서. 쳇."

어떤 독자 한 사람은 또 이렇게 한 서린 음성으로 울분을 토한다.

"어이 상실할 것 같아요. 어떻게 그 사람을 용서합니까? 차라리 죽는 게 낫지. 그 사람을 용서하느니 내가 죽는 게 더 나아요. 내 눈에 흙이 들어가기 전까지는 절대로 용서 못 합니다. 인간의 탈을 쓰고 제게 그렇게 한 사람에게 용서라는 은혜를 베풀어 줄 수는 없지요. 작가님. 당신은 그럴 수 있어요?"

두 눈에 흙이 들어갈 때까지도 용서 못 하겠다는 말씀도 충분히 이해한다. 나 역시도 그랬으니까. 그러나 "그렇게 오래오래 그 사람을 품고 살고 싶은가요?"라고 물어보면 약간의 의구심이 들지 않을 수 없을 것이다. 그가 미치도록 사랑하는 사람도 아니고, 애틋하게 좋아하는 감정이 있는 것도 아니고, 우러러 존경하는 사람도 아닌 내게 피해를 끼친 사람을 평생 안고 가고 싶지는 않을 것이기 때문이다.

용서하는 것은 자신의 마음의 짐을 더는 행위이며 스스로를 행복하게 만드는 일이다. 그를 용서하는 것이 힘겹다면 이렇게 하라. 그를 용서하지 말고 불쌍히 여겨주어라. 용서할 필요는 없다. 그렇게 당신을 못살게 괴롭힌 사람을 꼭 용서하라고 말하지는 않을 작정이다. 용서하지 말고 불쌍한 사람이라고 생각하라.

얼마나 불쌍한 사람인가. 그동안 당신의 뇌 속에 일방적으로 감금

되어서 매일 구박받고 미움받고 때로는 새벽에 끌려 나와 멍석말이도 당하였을 것이다. 때로는 대로변에서 따귀도 맞았을 것이고, 때로는 몇 날 며칠을 밥을 굶기도 했을 것이니 말이다. 그리고 가끔은 만신창이가 되도록 욕을 먹었을 것이다. 그 불쌍한 사람이 이제 당신의 하늘과도 같은 자비로 감옥에서 풀려나게 되는 것이다. 그의 나머지 인생이 행복하기를 마음을 다하여 빌어주어라. 이제 그를 놓아주어라. 당신이 더 큰 자유와 평안을 누리게 될 것이다.

  적을 향한 최고의 용서는 그를 불쌍히 여겨주는 것임을 잊지 말라. 그리하면 당신에게 축복이 있을 것이다. 그것은 값싼 동정심이 아니라 당신의 지적인 사고의 성취에 의하여 얻은 친절하고 합리적인 지혜로 인한 애정이 이루어 내는 기적의 일부분이다.

남 탓 하지 마라, 모든 것은 내 탓이다

 어느덧 가을을 색칠한 하늘이 오늘 아침따라 변덕쟁이처럼 군다. 비가 오다가 햇살이 비추다가 도무지 종잡을 수가 없다. 덩달아 바빠진 채 무거운 빨래건조대를 들고 좁은 문을 통해 밖으로 가져다 놓았다가 다시 들여놓았다 몇 번이나 시계추처럼 반복한다. 이런 재밌는 경우가 다 있나 싶다.

 사람들 마음도 그러하다. 그 마음에 무슨 일이 일어나는지 전혀 감 잡을 수가 없지 않은가. 우리들 마음속에 생겨나는 습관성 병이 있다. 바로 남을 탓하는 것이다. 이 병을 고쳐야 할까 그대로 놔두어야 할까.

 내 친구 미영이는 좋지 못한 일이 생길 때마다 다른 사람을 원망하는 버릇이 있었다.

 "이렇게 된 건 다 김○○ 박○○ 탓이야. 그 사람만 아니었더라도 일이 이 지경까지는 이르지 않았을 텐데."

미영이는 한 번도 그 어떤 잘못된 일에 대해 자신을 탓한 적이 없었다.

"그때 그가 내게 그렇게 하지만 않았어도 이런 신세가 되진 않았을 거야. 그 사람이 내 인생을 망쳤어."

이런 말 한 번쯤 해보거나 들어보지 않은 사람이 없을 정도로 흔하다. 성적이 안 오르면 공부에 열중하지 않은 자신을 탓하는 게 아니라 교육환경을 탓한다. 살이 찌면 자신의 과도한 식탐을 반성하는 게 아니라 끼니마다 정성을 다해 상을 차려주시는 엄마나 아내 탓을 한다. 직장에서 해고되면 자신의 무능력과 해이해진 업무태도를 탓하는 게 아니라 회사를 탓하고 심지어 "저놈의 회사 폭삭 망해라." 하면서 저주를 퍼붓는다.

남 탓 하면 참 편하다. 모든 건 다 다른 사람들 책임으로 돌리기 때문이다. 시험에 떨어져도 다른 사람 탓이요, 몸이 아파도 다른 사람 탓이요, 돈이 없어도 다른 사람 탓이다. 이렇듯 매일 다른 사람 탓을 하다 보면 나중에는 방바닥에 개미 한 마리가 기어다니는 걸 보고도 다른 사람 탓을 하게 된다. 그렇게 하면 잽싼 미꾸라지처럼 질책과 비난을 요리조리 피해 갈 수 있기 때문이다. 그러나 계속 그렇게 다른 사람을 탓하게 되면 웬만해서는 분노가 멈추지 않게 된다. 흙탕물 속에서 제 성질에 이리저리 부딪히다가 길을 잃은 눈먼 미꾸라지가 되고 만다. 결국엔 자기 자신에게 화가 나게 되어 있다는 것을 안다면 타인에 대한 공정치 못한 책임전가는 하지 않아야 할 일이다.

그대는 이런 경우가 없었는가. 누군가 자신의 불행에 대해 원인제공을 했다면서 화를 낸다. 그런데 사실 그런 일은 없었다. 그것은 그의 착각이었다. 오히려 당신은 그를 위해 온갖 희생을 감수하면서 도와주었던 일은 있다. 그런데 그 사람은 결과가 좋지 않자 당신에게 온갖 비평을 가하고 여기저기 나쁜 소문을 내고 다닌다. 모든 게 다 당신 탓이라면서 도움을 준 당신을 오히려 악의적인 의도로 접근해 자신을 망친 악한 사람으로 만들어 버리는 것이다. 정말 어처구니없는 일이 아닐 수 없다. 그런 경우에 당신의 심정은 어떠했는가. 기가 막히고 억울하고 그 사람에 대해 크게 실망을 하게 되었을 것이다.

다른 사람을 탓하는 일만큼 끓고 있는 분노에 기름을 끼얹는 일도 드물다. 설령 그 사람이 진심으로 불순한 의도를 가지고 접근해서 일을 벌였더라도 그를 탓하는 일을 그만두는 것이 지혜로운 사람이다. 그렇게 할 수 있어야만 분노의 용광로에서 벗어날 수 있다. 그렇지 않고 타인에 대해 계속 원망하는 감정을 가지고서 살아간다면 일상생활이 비명소리로 가득한 지옥으로 변하는 건 시간문제이다.

화를 돋구어 주는 건 끝없이 생각하는 것이다. 무엇에 대해서인가. 누군가의 좋은 점, 긍정적인 면들이 아니라 누군가의 나쁜 점, 부정적인 면들에 대해 바느질하듯 꼼꼼하게 분석하고 평가하는 것들이다. 그런 행위가 바로 화에 대해 영양분을 공급해 주는 일임을 기억하라. 화에게 그런 영양분을 공급해 주는 일을 멈추지 않는다면 화는 포동포동 살이 찌게 된다. 그리고 분노라는 커다란 괴물로 변해서 자신의 선량한 감정들을 집어삼키게 될 것이다. 사랑과 감사와 기쁨과 행복 이런 좋은 감정들을 단숨에 꿀꺽 먹어버리고 우울감과 비탄, 절망, 고통 등의 감정들을 토해낼 것이다.

네스호에 살고 있다는 괴물보다도 더 무섭고 설인보다도 더 오싹한 괴물이 바로 분노다. 분노를 방치하면 자신과 타인과 세상을 한꺼번에 망칠 수가 있다. 남 탓하는 것만큼 분노가 좋아하는 일도 드물다. 우리가 계속 다른 사람 탓을 하고 있으면 분노는 '잘한다.' 하면서 응원의 박수를 쳐줄 것이다. 그러면 그럴수록 분노는 더 많은 영양분을 섭취할 기회가 늘어나는 것이기 때문이다.

태어날 때부터 한 손이 없이 불편함을 감수하고 이제껏 살아야 했다면 부모를 원망할 것인가. 신을 원망할 것인가. 성적표가 차마 눈을 뜨고 바라볼 수 없을 만큼 엉망이다. 누구를 탓할 것인가. 멀쩡하던 몸에 종양이 생겼단다. 그걸 누구 탓이라고 말할 것인가. 친척이, 가족이 갑자기 세상을 떠났다. 누구를 원인제공자로 몰 것인가. 사업이 점점 어려워지고 있다. 누구에게 책임지라고 소리 지를 것인가.

아무도 탓하지 말자. 그들에게는 죄가 없다. 그들도 우리처럼 세상의 모진 풍파를 헤치고 살아가느라 지쳐 있는 중이다. 그들에게 더 이상 책임을 떠넘기는 못난 모습을 보이지 말자. 누구의 탓도 아니다. 자신과 관련된 일에서 좋지 않은 결과가 나왔다면 자신의 태도를 반성하고 다음에는 그런 실수를 반복하지 않으면 된다.

누군가가 분명히 잘못한 게 보여도 그를 탓하지 않는 사람이 되어라. "그에게도 나름대로의 사정과 피치 못할 사연이 있었을 것이다."라고 너그럽게 봐주어라. 그러면 그들도 당신을 그렇게 대해줄 것이다.

따뜻함이 번지는 풍경에
폭 빠져라

"창밖으로 보이는 풍경이 참 아름답다."

이 말밖에 달리 표현할 길이 없다. 이사를 온 지 얼마 되지 않아서이기도 했겠지만 나는 워낙 식물의 이름에 대해 문외한이기도 한 사람이라서 그 나무의 이름을 몰랐다. 이제 와서 곰곰이 살펴보니 그것의 가지에는 복주머니 모양의 석류가 매달려 있었다.

"그럼 저 나무는 석류나무인가?"

나는 무슨 대단한 과학적 발견이라도 한 것처럼 놀라움을 가지고 다시 나무를 바라본다. 아직 다 크지 않은 아담한 크기의 석류들이 가지마다 하나씩 매달려 있는 것이 더욱 선명하게 보인다. 어린아이의 주먹보다도 작고 앙증맞은 열매들이 시선을 사로잡고 놓아줄 줄 모른다.

나는 사실 사과나무, 배나무, 감나무 등의 이름은 많이 들어보았고 가끔 보기도 했다. 하지만 석류나무는 참으로 생소하기도 하다.

그러니 반가움과 신기함이 2배가 되었던 것이다.

석류나무의 이파리는 열매와는 다른 이미지를 풍겼다. 마치 쌍둥이라도 생김새가 전혀 다른 이란성쌍둥이처럼 전혀 다른 모습이었다. 탐스럽고 정열적인 붉은색의 석류와는 딴판인 자잘하고 수줍어하는 연한 초록 잎들이 산들바람이 불 때마다 "어머나!" 하면서 싸르락거린다. "아, 저 이쁜 것들을 어쩌지?"

첫사랑처럼 그저 지켜보기만 해도 가슴이 시나브로 벅차올랐다. 조금 더 가까이 다가가서 이파리들을 바라보면서 전율하고 있노라니 어디선가 매콤한 향기가 넌지시 풍겨온다. 바로 담 너머 비닐하우스 안에 무더기로 일광욕 중인 고추들이 내뿜는 향기다.

"뜨뜻하구만. 이렇게 몸을 잘 익혀주어야 맛있는 마른고추가 된다오. 조금 매워도 참으시구려."

수천 개 아니 수만 개도 넘는 고추 중의 우두머리인 것 같은 쪼글쪼글한 피부를 자랑하는 늙은 고추가 그렇게 말했다.

"괜찮습니다. 매운 향기가 정겨운데요. 몸 잘 말리세요."

콜록.

약간 맵긴 했지만 고추들의 고생에 비하면 아무것도 아니다. 이 뜨거운 날에 저 불타는 하우스 속에서 매운 친구들끼리 살을 부대끼고 누워있는 고추들의 노고에 박수를 보낸다. 멀리 가지 않았는데 마당가에 이렇게 고향 향기 물씬 묻어나는 풍경들이 있다고 생각하니 흐뭇한 마음이 든다.

가을이 깊어가면 어김없이 산등성이에 서서 붉은 이파리를 흔들며 고독한 인생에 대하여 불현듯 화두를 던져주던 단풍나무, 논을 온통 황금낱알들로 채워주던 벼들의 흥거운 춤사위, 어머니가 불러주시던 정겨운 옛 가요처럼 오래오래 듣고 싶은 다정한 풀들의 노래.

따뜻함이 번져오는 풍경들을 대하면 인간의 정서는 깊게 가라앉아 성찰의 시간을 갖게 된다. 삶의 어지러운 것들, 특히 분노와 같은 불온한 감정에 대한 조절기능을 향상시키게 된다. 가슴이 바윗덩어리에 눌린 듯 답답할 때 어디로든지 훌쩍 여행을 떠나고 싶은 마음이 드는 건 그러한 인간의 본능이 불러일으키는 현상인 것이다.

한 그루 석류나무를 바라보면서 무한한 우주의 이야기를 들을 수 있고 비닐하우스 안에 무더기로 갇혀 있는 고추들을 보면서 삶의 희로애락을 읽어낼 수 있듯이 집 안에서도 혹은 그저 눈을 감고 상상만으로도 얼마든지 따뜻함이 묻어나는 풍경들을 대면할 수 있다. 그러한 풍경을 보기 위해 멀리 가지 못할 형편이더라도 슬퍼하거나 안타까워하지 않아도 되는 것이다. 실제로 그런 곳에 가본다면 감동은 2배로 느낄 수 있을 것이다. 해안선이 굽이굽이 펼쳐진 해안도로를 달려가면 바다에 기대어 사는 우리의 이웃들을 만나게 될 것이고 한적한 국도를 자전거를 타고 여행을 하다 보면 농부들이 땀으로 빚어낸 마늘, 배추, 무, 수박 등을 심심찮게 만나볼 수 있을 것이다.

도심 골목길에서도 얼마든지 따뜻한 풍경들을 만날 수 있다. 아기를 업고 가는 젊은 엄마, 지팡이를 짚고 쉬엄쉬엄 걷고 있는 인생의 연륜이 묻어나는 할아버지, 책가방을 둘러메고 깡충거리면서 달음질치는 귀여운 초등학생, 사이좋게 서로의 어깨에 기대어 걸어가는 중년의 부부 등. 우리와 다르지 않은 어쩌면 우리 자신의 모습일 수도 있는 그들을 보면서 한 시대를 함께 살아가는 이웃들에 대한 따뜻함을 느껴보라.

심장이 타들어 가는 것처럼 미운 사람도 노을빛 풍경들 속으로 용해되고 죽어서도 용서 못 할 것 같던 사람도 따뜻한 풍경들 속으로 어우러지게 되어서 한결 마음이 가벼워질 것이다. 그동안 힘들게 지고 있던 분노의 무게를 내려놓고 우주의 신성한 손이 빚어준 자연의 품 안에서 인간과 사랑이 빚어낸 또 다른 풍경을 응시하며 스스로를 위로하자.

그래, 좋은 생각이야. 내 글을 읽었다는 듯이 창밖에서 키 큰 석류나무가 빙그레 웃는다. 담장 너머 하우스 안에 있는 고추들은 낮잠을 즐기는 걸까. 한가롭고 행복한 시간의 풍경이 그대에게도 전이되기를 바란다.

왜 화를 내니?
네 마음만 다치잖아!

"어휴! 이 큼큼한 담배냄새……."

평상시에 골초라고 소문이 자자한 사람이 실내로 성큼 들어선다. 짙은 회갈색 바바리코트를 입은 그가 지나간 자리에는 어김없이 담배냄새가 풍겨온다.

"너는 하루에 담배를 몇 대나 피우니?"

"거의 일 분에 한 대씩 피워."

그는 친구들 사이에 애연가로 유명했다. 몇몇 사람이 안색이 창백해진 채 그가 앉은 자리로부터 저만치 멀어진다.

"콜록콜록~ 콜록콜록~"

금세 실내를 가득 채우는 퀴퀴한 담배연기에 아빠를 따라온 어린 딸아이가 연달아 기침을 해댄다. 엄마는 허둥지둥 아이를 데리고 잠시 밖으로 나간다. 한 사람이 담배를 피우자 신성한 집단의식을 거행하듯이 다른 사람들도 담배를 꺼내 들고 아무런 거리낌 없이 불을 붙인다. 담배연기의 농도가 한층 진해졌다. 화생방 훈련을 받기 위해 마련한 창고처럼 매운 연기가 삽시간에 내부를 가득 채워버렸다.

"숨이 가빠와요."

천식환자인 아내가 눈짓을 했다. 하지만 남편은 집 안에서는 피우지 않던 담배를 이곳에서 당당하게 피우는 중이라 그녀의 곤란을 알아채지 못하고 있다. 싱싱하고 맛 좋다는 자연산 광어회가 도착하기 직전에 몇 사람들은 호흡곤란으로 쓰러질 지경이었다. 식당 안은 그들로 인해서 담배연기로 가득한 너구리굴이 되어버렸다.

어느 친목모임의 흔한 모습이다. 자신의 행동으로 인해서 다른 사람들에게 어떤 피해가 갈지를 예상하지 못하는 것인지 아니면 알고서도 모른 척하고 다중이 이용하는 실내에서 흡연을 하는 것인지 모르지만 그런 행동으로 인해 비흡연자들은 말 못 할 고통을 겪게 된다.

대부분의 사람들은 흡연이 건강에 백해무익하다는 것을 아주 잘 알고 있다. 그렇지만 흡연자 중에도 금연이 자신의 뜻대로 되지 않아 속상한 사람도 많다. 집에서는 아내에게 구박받고, 회사에서는 직원들의 눈치를 살펴야 하고, 길거리에서도 사람들의 눈총을 받아야만 한다. 사실, 금연 권장사회에서 담배를 피우는 사람들의 애환도 깊을 것이다.

"저도 끊고 싶다고요. 그런데 안 피우면 죽을 것 같단 말입니다. 그래서 어쩔 수 없이 피우고 있다니까요. 저도 괴로워요."

이렇게 말하는 분들이 의외로 꽤 있다. 치명적 질병을 유발하는 담배를 그만 피우고 싶어도 마음대로 되지 않기 때문에 끊고 싶은 마음과는 달리 오늘도 눈물을 머금고 피우고 있는 중이다.

　담배를 피우는 것처럼 화를 내는 것도 전혀 좋은 일이 아니란 것쯤은 초등학생들도 알고 있다. 화를 내고 나면 심장이 쿵쾅거리고 머리가 지끈거리고 기분이 한참 동안 불쾌하다는 것을 모르는 사람이 어디 있겠는가. 인간이라면 누구나 생리현상을 겪듯이 화를 낼 때의 그 불안정한 상태와 화를 내고 난 후 느낄 수 있는 최악의 기분상태를 경험하고 있다.

　담배를 끊고 싶어도 쉽게 끊을 수가 없는 안타까운 심정의 애연가처럼 화를 내던 습관에 흠뻑 젖은 사람은 자신이 화를 내서 얻을 수 있는 좋은 것이 아무것도 없다는 것을 알면서도 화내는 습관을 하루아침에 버릴 수가 없다. 익숙함 때문이다. 화를 내는 일이 너무나 익숙해서 자연스럽고 죄책감도 들지 않으며 마침내 성격으로 굳어져 버렸기 때문에 화를 내는 걸 멈출 수가 없다. 그렇지만 이러한 습관을 버려야 하는 것은 담배를 끊어야 하는 것만큼 절박하다.

　폐암의 90% 이상이 흡연에 의해서이다. 담배에 다량 함유되어 있는 타르는 기관지와 폐에 심각한 손상을 입히고 혈관을 타고 온몸으로 침투해서 죽음을 앞당기는 암을 유발시키며 심장과 장기조직과 세포에까지 손상을 입힌다.

　흡연은 또한 피부에도 극히 해롭다. 니코틴은 피부보호 단백질인 엘라스타제를 감소시켜 흡연자의 피부는 비흡연자보다 현저하게 빨리 노화되고 거칠어지며 색도 누렇게 변하게 된다. 그래서 흡연자의 얼굴이 그렇게 누렇게 뜨게 보이고 같은 연령의 다른 사람보다 나이

들어 보이는 것이다. 흡연은 여성의 몸에도 최악의 영향을 미친다. 유산, 저체중아, 자궁 외 임신, 불임 등의 확률을 높이기 때문이다.

사람들은 흔히 담배를 세상에서 가장 끊기 어려운 마약이라고들 한다. 이렇게 해로운 담배의 폐해를 잘 알면서도 금연하지 못하는 것처럼 우리에게 담배만큼 건강상, 정신상의 상해를 입히는 독을 퍼지게 만드는 분노를 표출해 내는 일을 멈추지 못하는 것은 니코틴이 담배 끊는 일을 힘들게 하듯이 우리의 부정적 습관이 자꾸만 예전처럼 화내고 살 것을 권장하기 때문이다.

"왜 참아, 그냥 소리 질러. 저런 사람은 그냥 두면 곤란해. 물건도 좀 집어 던져주고 말 안 듣고 계속 까불면 한 대 때려주기도 해. 그래야, 너답지 않겠니? 그냥 하던 대로 하고 살자. 속 시원하게 욕이나 퍼부어주자. 어때? 저 녀석을 그냥 놔둘 거야?"

이렇게 속살거리는 부정적 습관에게 지배당하는 사람이 되어버리면 앞으로도 계속 그렇게 살 것이다. 조금만 속상한 일이 생겨도 버럭 화내고 그로 인해서 밥맛도 잃고 생활할 의욕도 상실되는 악순환이 반복되면 어떻게 즐거움과 행복을 만나게 될 수 있겠는가.

오늘날 수많은 흡연자들이 담배를 끊기 위해 참으로 눈물겨운 사투를 벌이고 있다. 밥은 안 먹어도 담배는 못 끊겠다는 사람들이 가족들을 위해 그리고 자기 자신을 위해 그 좋아하는 담배를 끊고 있는 것이다.

반갑게도 요즘 금연에 관한 좋은 소식이 여기저기서 들린다. 작은 형부도 담배를 끊으셨고 친한 언니의 남편도 담배와 작별인사를 나누었다. 그런 소식을 들을 때마다 나는 내 일처럼 기뻐한다.

"정말 잘하셨네요. 너무 현명한 결정을 하신 거예요. 축하드려요."

진심으로 그분들의 금연을 축하한다. 이제 이런 말도 여기저기서 많이 들렸으면 좋겠다. "화를 내지 않으니까 마음이 한결 편안해졌어요. 왜 그렇게 화를 내고 살았는지 지금 생각해 보면 웃음이 나오질 뭐예요. 제 인생에 이렇게 행복한 적이 없었던 것 같아요."

화를 내는 것만큼 무익한 일도 없다는 사실을 명심하자. 앞으로는 화를 내기보다는 상황을 다각적으로 바라보고 최대한 이해하자. 가능하면 용서하고 차별 없이 사랑하는 삶을 살아가자.

평정심으로
분노를 다독여라

얼마 전부터 목뼈가 굉장히 뻣뻣한 느낌이 들고 아프다. 벌겋게 녹슨 채 공사장 귀퉁이에 방치된 오래된 고철처럼 조금만 숙여도 아프고 조금만 위로 들어 올려도 자지러지는 목 때문에 생활이 조금 불편할 지경이다.

"컴퓨터 모니터를 오랫동안 고정된 자세로 바라보아서 생긴 통증인 것 같아. 일종의 직업병이라고도 볼 수 있겠지."

게다가 오른쪽 손목도 가끔 저리고 칼로 자르는 것 같은 아픔이 느껴진다. 마우스를 만진 날이 많아져서인 것 같다. 어찌 되었든 글을 쓴다는 건 컴퓨터 앞에서 꾸준한 인내심을 가지고 몰두해야 하는 일이므로 이런 몸의 이상은 얼마든지 감당할 수가 있다.

그렇게 목과 손목이 아픈 와중에도 한 편의 감동적이거나 아름답거나 꽤 근사한 글을 완성해 놓고 바라보거나, 때론 미처 발견하지 못했던 부족함을 찾아내고 다시 수정하면서 매우 만족스럽고 흐뭇한 기분을 누린다. 그럴 때 느끼는 만족감 때문에 목의 통증도 어느덧 사라지고 손목이 시린 것도 잊어버리게 되는 것이다.

"살아 있어서 참 행복하다고 느낄 수 있는 일이 있다는 것은 축복이 아니겠는가."

당신에게도 어떤 일을 하고 있을 때 몸이 아픈 것도 까맣게 잊어버리게 되는 만족의 시간이 있을 것이다. 감기몸살로 온몸이 쑤시고 죽도 못 삼키다가도 자신이 좋아하는 일을 할 때에는 어디에서 그런 힘이 나오는지 모를 만큼 열정적으로 빠져드는 모습을 볼 수 있다. 그렇게 일하고 있는 시간만큼은 모든 번뇌와 잡념으로부터 벗어날 수 있게 된다.

포근한 어머니의 품에 안긴 벌거벗은 갓난아기처럼 세상의 속박과 규제로부터 자유로워진 자신을 체험하게 되는 순간이 좋아하는 일을 하고 있을 때이다. 이런 몰입이 중요한 것은 우리가 분노와 대면하게 될 때 가장 큰 도움이 될 요소이기 때문이다.

분노를 다스리는 데 있어서 평정심을 유지하는 것은 가장 의미 있는 행위가 될 수 있다. 평정심이란 자신의 마음을 타인이나 다른 환경적 요인들의 억압적인 강제에 의해서가 아니라 자신의 의지로 고요히 안정시킬 수 있는 힘이라고도 할 수 있다. 불안정하고 자꾸만 타인에 대한 적개심으로 타오르는 감정을 달래고 세계와 인간의 본성을 통찰하고 그것들을 악의 축이 아닌 선의의 동반자로서 받아들여 결국 사랑이라는 거대한 본류에 합류시킬 수 있도록 하는 것이 평정심이다.

평정심을 가질 수 있게 하는 것은 무엇일까. 그것을 영원히 지닐 수 있게 하는 것은 무엇일까. 그것이 바로 위에서 말한 자신이 좋아하는 일에 대한 군더더기 없는 몰입이다. 글을 쓸 때만큼은 목이 아픈 것도 말끔히 잊고 손목의 시림도 느끼지 못하는 나처럼 당신도 좋아하는 일을 하게 되면 늘 그림자처럼 따라다니면서 괴롭히던 근심거리와 해결할 수 없는 난제들로부터 해방될 수 있다. 거기에 더해서 누군가를 원망하던 마음도 사라지게 되고 모든 문제들을 적극적으로 해결할 수 있다는 자신감이 생겨난다.

평정심을 지닌 사람이 자신감까지 지니게 된다면 그의 능력은 무한대로 뻗어갈 수 있는 날개를 얻은 것과 같다. 분노 앞에서 우리는 그것을 지나치게 의식하기보다는 자신이 하고자 하는 일에 대한 계획을 수립하고 즐겁게 행동으로 옮기면서 마음을 단정하게 정리하고 평정심을 유지할 수 있게 해야 한다.

한쪽으로 치우쳐지면 다른 한 곳이 기울어서 높고 낮은 차이가 생겨나게 된다. 마치 시소처럼 한쪽에 탄 사람이 지나치게 몸무게가 많다면 혹은 다른 한쪽에 탄 사람이 지나치게 가볍다면 둘 중 한 사람은 허공으로 떠오르게 되고 한 사람은 땅바닥에 엉덩방아를 찧게 될 것이다. 감정도 평정심을 잃고 분노에 사로잡히게 되는 즉시 그렇게 극과 극으로 인간을 두 동강 내고 만다.

우리가 평정심을 지니고 세상을 살아가게 된다면 그 무엇에 피눈물을 흘리면서 격정적으로 매달리며 울부짖을 일도 없다. 그 무엇에 지나치게 냉소적인 태도로 무관심으로 일관할 일도 없다. 왜냐하면 평정심은 중도를 걸어가는 것과 같기 때문이다. 한쪽으로 기울어지지 않고 감정의 평온함을 유지할 수 있는 것을 평정심이라고 볼 수 있다.

  오늘 당신이 평정심을 가지고 타인을 대하게 된다면 훨씬 더 온유한 사람이 될 것임을 약속한다. 오늘 당신이 평정심을 가지고 어떤 사건을 대하게 된다면 훨씬 더 지혜롭고 사려 깊은 사람이 될 것임을 약속한다. 평정심을 가져라. 이성을 잃고 수시로 솟구쳐 나와 평화로운 인생을 망치고 말 분노를 고요히 잠재우고 싶거든.

기분이 태도를
망치지 않게

초판 1쇄 발행 2025. 4. 30.

지은이 백정미
펴낸이 김병호
펴낸곳 주식회사 바른북스

편집진행 김재영
디자인 김효나

등록 2019년 4월 3일 제2019-000040호
주소 서울시 성동구 연무장5길 9-16, 301호 (성수동2가, 블루스톤타워)
대표전화 070-7857-9719 | **경영지원** 02-3409-9719 | **팩스** 070-7610-9820

•바른북스는 여러분의 다양한 아이디어와 원고 투고를 설레는 마음으로 기다리고 있습니다.

이메일   barunbooks21@naver.com | **원고투고** barunbooks21@naver.com
홈페이지 www.barunbooks.com | **공식 블로그** blog.naver.com/barunbooks7
공식 포스트 post.naver.com/barunbooks7 | **페이스북** facebook.com/barunbooks7

ⓒ 백정미, 2025
ISBN 979-11-7263-336-3 03190

•파본이나 잘못된 책은 구입하신 곳에서 교환해드립니다.
•이 책은 저작권법에 따라 보호를 받는 저작물이므로 무단전재 및 복제를 금지하며,
이 책 내용의 전부 및 일부를 이용하려면 반드시 저작권자와 도서출판 바른북스의 서면동의를 받아야 합니다.